comment devenir un château fort

De la même autrice au Rouergue

Le processus - **2021, roman doado.**

Illustration de couverture : © **Julien Rico**

www.lerouergue.com

doado

Catherine Verlaguet

comment devenir un château fort

rouergue

chapitre 1

Et voilà, on y est...

La nouvelle maison. Entre hommes.

Au moins, ici, j'ai ma chambre. Plus besoin de partager avec Guillaume.

Franchement, Guillaume et moi, à choisir entre maman et une chambre individuelle, on aurait choisi maman. Mais bon. Maman s'est fait la malle, alors une chambre individuelle c'est mieux que rien je suppose.

Pour le déménagement, c'est papa qui a décidé. Il ne se voyait pas continuer sans elle dans notre ancienne maison. Trop de souvenirs qui prennent trop de place.

Avant de partir, maman a dit que quitte à ce qu'on déménage, ce serait bien que chacun ait sa chambre, qu'il était temps. Quand je lui ai demandé de quoi il était temps, elle a répondu qu'à compter d'un certain âge, un garçon a besoin d'intimité. J'ai failli lui rétorquer qu'en deçà d'un certain âge, un garçon a aussi besoin de sa mère, mais j'ai fermé ma gueule parce que je ne voulais pas la faire pleurer.

Personne ne semblait se soucier de mon changement de bahut en cours d'année – et plus précisément pour mon troisième trimestre de seconde – mais là-dessus aussi j'ai fermé ma gueule, question de priorité.

Ce n'est pas qu'ils se séparent en mauvais termes, les parents. Non ! On dirait des vieux potes. Des vieux potes un peu tristes.

À 16 ans, attirée par la mer, ma mère a quitté ses parents pour travailler sur des bateaux de croisières en tant que femme de cabine. Elle a fait le tour du monde ! Elle en parlait tous les jours, nous racontait des anecdotes, des légendes, les rencontres qu'elle avait faites, les pays qu'elle avait visités… Des fois elle pleurait, disait que c'était pauvre de rester au même endroit, que son âme moisissait.

Ce que je veux dire, c'est qu'on savait que maman avait envie de retourner sur son bateau. Son envie a toujours été une menace et on espérait tous qu'elle ne le ferait pas. Elle nous a pas poignardés dans le dos en nous annonçant qu'elle partait. C'est plutôt comme si ce poignard-là, elle nous l'avait enfin retiré – ce qui ne fait pas moins mal.

Je sais qu'elle a rencontré papa à 22 ans. Lui, il en avait 17, ses parents l'avaient emmené faire une croisière pour qu'il arrête de fréquenter les copains qu'il avait. Sur le bateau, papa est tombé amoureux et maman enceinte. Je crois que si mes grands-parents avaient imaginé un truc comme ça, ils se seraient abstenus pour la croisière et auraient laissé mon père à ses mauvaises fréquentations. Mais bon. Mes parents se sont mariés. Sur les photos de leur mariage, ils ont l'air heureux et mes grands-parents aussi.

En fait, avant aujourd'hui je ne m'étais jamais posé la question de savoir si mes parents étaient heureux ensemble. Je pensais qu'ils l'étaient. Comme tout le monde l'est quoi ! Maman avait beau parler de son bateau et de ses tours du monde, elle disait qu'elle nous aimait et qu'on était la plus belle chose qui lui soit arrivée. Papa disait que c'était elle, la plus belle chose qui lui soit arrivée. Et puis un jour, elle a estimé que la plus belle chose qui lui soit arrivée n'avait plus besoin d'elle. Que Guillaume et moi étions assez grands et que de toute façon, un jour ou l'autre, on allait quitter la maison. Alors à quelques années près, elle s'est dit qu'elle pouvait bien partir maintenant et reprendre la mer.

Mon père… Peut-être qu'il l'aime trop pour la retenir. Ou peut-être qu'au bout de vingt ans d'angoisses à savoir qu'un jour ou l'autre elle allait le quitter, il se sent soulagé qu'elle parte enfin. Parce que côté angoisses, ça va, il a donné mon père : entre son ulcère et ses colites… Bref.

Il est triste mon père. Ça se voit. Mais quand même, il assure. Il dit qu'il est content de nous avoir et qu'on va s'en sortir, entre hommes. Il dit qu'il est pas mal encore du haut de ses 37 ans et qu'attention, la vie va commencer ! Il tient le coup quoi. Et nous… Pareil. Mais c'est comme si chacun d'entre nous attendait que l'autre craque pour pouvoir craquer à son tour. C'est l'impression que j'ai. Moi en tout cas, si papa ou Guillaume se mettait à chialer, je crois que je chialerais aussi – ça me ferait du bien. Mais si papa et Guillaume tiennent le coup… Tant que je n'y pense pas, ça va. Et quand j'y pense… Je m'arrange pour penser à autre chose parce qu'au fond, il n'y a rien à en penser, juste à accepter. Ce n'est pas contre nous, mais pour elle qu'elle part – dixit mon père.

C'est pas comme si elle partait pour un autre homme, maman ! C'est juste que… Elle ne tient pas en place. Elle a toujours été comme ça. Elle dort cinq heures par nuit et le reste du temps, elle court dans tous les sens. Vingt ans qu'elle court dans la maison, dans le quartier et dans la ville. Qu'elle connaît tout et tout le monde. Vingt ans qu'elle va à la piscine et qu'elle fait du vélo, qu'elle travaille dans les hôtels, les restos, les bibliothèques, n'importe quoi pour s'occuper. Elle a le cerveau qui bouillonne, ma mère. Alors je la comprends : quand on a son tempérament, on ne peut pas rester dans une maison. Même si dans cette maison, il y a la meilleure chose qui vous soit jamais arrivée.

En partant, elle m'a dit que les choses seraient peut-être plus difficiles que ce que je voudrais bien montrer, parce que je suis le plus jeune. Elle a dit qu'elle se faisait du souci et qu'entre deux traversées, elle reviendrait aussi souvent que possible. Elle a dit qu'elle était désolée. Super. Merci. Au revoir, maman. Je ne suis pas désolé, moi. Mais dégoûté. Voilà, c'est dit. Dégoûté qu'elle soit partie. Dégoûté d'avoir déménagé. Dégoûté de changer de collège. Dégoûté qu'on ne me demande pas mon avis. Dégoûté qu'on se retrouve comme ça, entre hommes, sans elle.

chapitre 2

Je m'appelle Pierre.

Avant, on m'appelait Pierrot. Mais il y a deux ans, maman a dit que ça suffisait et qu'il fallait m'appeler Pierre parce que Pierrot, c'était *infantilisant*. Elle a dit ça et moi j'étais d'accord. Depuis le temps que j'en avais marre ! À partir de ce jour-là, on ne m'a plus appelé Pierrot et je pense qu'en fait c'est pour elle que ça a été le plus dur vu que c'est elle, surtout, qui m'appelait comme ça. Depuis qu'elle est plus là, ça me manque carrément. Je voudrais que tout le monde se remette à m'appeler Pierrot. Mais je sais que ça me manque seulement parce qu'elle est partie. Au fond, je suis bien content. Et puis dans la vie, il faut faire des choix. Entre Pierre et Pierrot, j'ai choisi Pierre, il faut que j'assume maintenant.

J'ai 15 ans. 16, dans trois mois. Et même si je ne sais pas à quel âge on devient un homme, je sais avec certitude qu'il y a cinq ans, quand mon frère a eu 16 ans, je me suis dit *Putain ça y est : c'est un homme mon frère*.

Tout à coup, je le trouvais plus grand, plus fort, et puis je trouvais qu'il ressemblait à papa. Depuis, je n'en ai jamais douté : mon frère est un homme.

Alors d'accord : vu que je tiens plutôt de maman et Guillaume de papa, je serai toujours moins grand et moins carré que mon frère mais bon, dans trois mois j'aurai quand même 16 ans et il n'y a pas de raison pour que moi, à 16 ans, je ne devienne pas un homme. En attendant, je me prépare. Je m'habitue peu à peu à la question. J'enterre définitivement Pierrot et j'essaie de ne plus faire l'enfant – comme dit maman quand je fais ma tête de poisson pendant des heures parce que je suis contrarié. J'essaie de ne plus pleurer, de prendre de la distance, de construire ce mur autour de moi dont j'ai souvent entendu mon frère parler.

Guillaume, aujourd'hui, a 19 ans. Il fait des études de *philosophie par correspondance*. Mon père dit que ce sont des études qui t'apprennent à te prendre la tête sur des trucs qui ne te serviront jamais à rien dans une économie de marché. Mais Guillaume, lui, il aime ça, les idées qui ne servent à rien. Il dit qu'elles servent au moins à garder l'esprit libre et à emballer les filles et il semble que dans sa vie, pour l'instant, il n'y ait que ça qui l'intéresse. Maman dit qu'il faut bien que jeunesse se fasse. Je suis d'accord. Papa répond qu'il faudrait quand même qu'il apprenne à gagner sa vie, que jeunesse se fasse avec son propre argent. Je suis d'accord aussi.

C'est un de mes problèmes : je suis souvent d'accord avec tout le monde, ce qui fait que beaucoup de gens pensent que je n'ai pas d'opinion ou que je suis en crise d'ado et que je m'en fous. Mais c'est pas ça ! C'est juste que quand on écoute vraiment les gens, on se rend compte que chacun, de son point de vue, a raison. On me dira que ça ne devrait pas m'empêcher d'avoir mon propre point de vue. C'est vrai. Faut croire que je n'en suis pas encore là. Pour l'instant, je constate, c'est tout.

Mon frère, lui, a plein d'opinions très précises sur tout, mais il est rarement d'accord avec quoi que ce soit. Il est *dans le refus*, dit mon père. Et franchement, c'est chiant.

Je n'ai encore rien dit sur mon père. Ou presque.

Mon père a 37 ans et est plutôt beau gosse – à en croire les filles de mon ancien lycée. Et puisqu'ils se ressemblent, mon frère l'est aussi – ce que les filles de mon lycée ne se sont jamais gênées de me dire non plus.

Moi, je ne sais pas si je suis beau gosse. Je sais que maman est une belle femme et que je lui ressemble. Mais ce qui est beau en fille, je ne sais pas ce que ça donne, en mec.

En tout cas, moi, on ne m'a jamais dit que j'étais beau gosse. Mais je ne suis pas certain qu'une fille l'ait déjà dit à Guillaume. En général, elles viennent me le dire à moi dans l'espoir que je le lui répète, ce que je m'abstiens de faire parce que je n'aime pas qu'il drague les filles de mon âge.

Il faudrait que je lui demande si une fille lui a déjà dit qu'elle me trouvait beau gosse.

Mais ça m'étonnerait vu que les filles qu'il fréquente ont plutôt son âge et qu'elles ne me disent même pas bonjour. Sauf *après* – comme si j'étais le *service après-vente* de mon frère – quand elles ont besoin de se faire consoler, si possible par quelqu'un de l'entourage pour pouvoir rester dans les parages.

Comme quoi, même la politesse répond aux lois du marché : rien n'est investi au hasard !

De toute façon, les filles, ça ne m'intéresse pas. Quand je vois papa qui est triste et Guillaume qui les croque comme des radis… Je ne suis pas très pressé.

Mais je n'ai toujours pas dit ce que mon père faisait : il est directeur des ressources humaines dans un laboratoire pharmaceutique. Je n'ai jamais réussi à en savoir davantage. Je sais que *directeur des ressources humaines*, ça veut dire que c'est lui qui embauche puis qui gère le personnel. Maintenant, de quel personnel il s'agit, ça… Mais *ce n'est pas grave* dit mon père quand je lui pose la question, parce que ce n'est pas très intéressant et que surtout, il n'a pas envie de m'expliquer.

chapitre 3

Sept heures du matin.

Je finis de boucler mon sac. Je tremble. Dans la poche avant de mon jean, la lettre du directeur qui confirme mon inscription en seconde A. Dans la poche arrière, mon carnet de correspondance trop vierge pour un troisième trimestre, comme une ardoise effacée, une seconde chance.

Hier, j'ai repéré l'arrêt de bus à côté de chez moi. J'ai fait le trajet une fois et tant que j'y étais, j'ai fait le tour des bâtiments.

Rien de spécial. Tout est moche, genre HLM préfabriqués, mais avec de l'herbe au milieu et quelques arbres pour le savoir-vivre de l'éducation nationale. Je suis sûr que les photos de classes sont prises sur ce carré de pelouse là.

Le matin, la cloche sonne à 8 h 20. Les cours commencent à 8 h 30.

J'ai à peine fermé l'œil de la nuit.

Il y a une heure et demie, je me suis décidé à me lever. J'ai pris une douche, me suis habillé – vu le peu que j'ai dormi, j'ai eu le temps de penser à ce que j'allais mettre. Maintenant que mon sac est bouclé, j'ai trois quarts d'heure devant moi pour un petit déjeuner, rejoindre l'arrêt de bus et arriver tranquillement au lycée.

Plusieurs fois pendant les vacances, papa m'a proposé de m'accompagner en ce jour de rentrée. J'ai tenu bon et toujours refusé. Après, il a proposé que ce soit Guillaume qui m'accompagne. Là aussi j'ai tenu bon. Pas besoin de chaperon, pas besoin de Guillaume, merci.

À mon ancien lycée, j'y allais avec maman, à pied. Mais c'était pas qu'elle m'accompagnait, c'était qu'elle travaillait à la bibliothèque, à côté.

Le chemin n'était pas long : en marchant tranquillement, il y en avait pour cinq minutes. Mais ce sont toujours ceux qui habitent le plus près qui arrivent les derniers. Et la vérité, c'est que le trajet, au lieu de le faire en cinq minutes, on le faisait en deux ou trois, complètement essoufflés.

Si on échangeait deux mots, c'était parce que maman faisait un effort de communication et demandait « Combien t'as eu en histoire ? » ou « T'as quoi comme matière aujourd'hui ? » ou « Il va comment

Tanguy ? » – Tanguy, c'est un de mes meilleurs potes, il fait des crises d'asthme et passe pas mal de temps à l'hôpital. Moi, je répondais « Douze », « Français » et « Mieux. »

Pendant deux trimestres, je suis allé au lycée avec maman en courant et sans nous dire grand-chose. En fait, elle s'épuisait à lancer des perches que je n'attrapais pas. C'était pas que je ne voulais pas discuter avec elle ! Au contraire ! J'étais content qu'elle me parle, qu'elle me pose des questions ! Mais je n'ai jamais su quoi dire. Maintenant, je regrette. J'aurais pu l'interroger sur son travail. Lui demander ce qu'elle lisait. Comment allait Viola, sa collègue. Lui parler de mes profs… Je sais que maman aime parler et moi, j'aurais aimé être capable de lui rendre la pareille.

Peut-être que si j'avais fait des efforts, peut-être que si j'avais trouvé les mots, elle m'aurait pas planté en cours d'année… ?

Peut-être que Guillaume aurait dû venir avec nous au lieu de dormir jusqu'à pas d'heure. Ça aurait été mieux pour maman parce que Guillaume, comme elle, il a toujours des mots dans la bouche, un sujet prêt à sortir. Il est doué en conversation, Guillaume ; il tient d'elle.

Guillaume et maman disent que c'est important de pouvoir parler de tout, n'importe quand, parce que *ça permet de communiquer et d'entretenir le lien social*. Moi, je ne sais pas faire ça.

Dans la cuisine, ni mon thé, ni mon petit déjeuner, ni mon sandwich de dix heures ne m'attendent. Évidemment, puisque c'est maman qui s'en chargeait. Par contre, ça sent le café. Évidemment, puisque c'est papa qui boit du café.

Tous les soirs, papa prépare la cafetière. Son premier geste du matin est de l'allumer. Il file sous la douche, s'habille, revient dans la cuisine, boit son café puis, en partant, éteint la machine dans laquelle reste le café que Guillaume se fait réchauffer vers dix heures.

Maman buvait du thé. Elle nous interdisait la caféine parce que, comme l'alcool, c'est mauvais pour la santé. Bien sûr, elle savait que Guillaume et moi on buvait parfois du café ou de la bière à l'extérieur. Mais elle considérait que l'interdire à la maison limitait les dégâts et qu'avec un peu de chance, ça nous aiderait à ne pas prendre de mauvaises habitudes.

Le jour de ses 18 ans, Guillaume a pris une cuite monumentale et le lendemain matin, pour contrarier maman, il s'est servi du café. Mais là où elle est forte ma mère, c'est qu'elle a souri à Guillaume et lui a dit que jusque-là elle l'avait guidé du mieux qu'elle avait pu mais que maintenant, sa vie, ce serait ses choix à lui… Elle espérait juste qu'il ne serait pas assez con pour les faire pour ou contre elle parce que ça n'en valait pas la peine.

J'hésite.

Et puis merde : je me sers un café *t'avais qu'à pas partir.*

Pas que je veuille vivre pour ou contre elle, mais ses putains de règles…

T'avais qu'à pas partir.

Moi, j'ai pas 18 ans. T'es pas restée pour moi comme avec Guillaume. Je sais que c'est injuste de penser ça mais tant pis, c'est ce que je ressens, là, stressé par ma rentrée. Terriblement seul, tout ce que je vois, c'est qu'il n'y a plus de thé ; mais que le café, lui, il est encore là.

chapitre 4

Elle est là, à attendre le bus. Brune. Les cheveux sur les épaules. Raides. Et quand je dis « raides », je parle aussi bien d'elle que de ses cheveux.

Elle a l'air plus jeune que les autres. Plus jeune que moi.

Ni grande ni petite. Taillée comme une allumette. Mince mais pas maigre… Rien de particulier. Rien de spécial. Le genre qu'on remarque pas. Comme moi.

Avec un léger effort, elle serait jolie. Mais avec ses barrettes, ses fringues vieillottes bien taillées, bien portées, rien qui dépasse, rien qui met en valeur non plus… C'est pas qu'elle est laide. C'est juste qu'elle est… fade. Fermée.

Je lui donne 13 ans.

Tout le monde lui dit bonjour mais personne ne s'attarde à lui parler.

Les autres discutent entre eux.

Elle, elle regarde la route.

Moi, je peux pas m'empêcher de la regarder.

Premièrement parce que sa banalité a quelque chose de fascinant et deuxièmement parce que j'ai l'impression qu'on a le même silence en nous.

Chacun de nous se tait et regarde – elle, la route ; moi, elle – sans faire attention au bruit qui nous entoure.

Intérieurement, on doit avoir le même rythme.

Elle finit sans doute par sentir mon regard parce qu'elle tourne la tête vers moi. Et dans la seconde que dure son mouvement, mon cœur se met à battre fort parce que je décide de pas baisser les yeux, pour voir. De toute façon je m'en fous, j'ai rien à perdre, rien à faire là.

Un moment, elle laisse ses yeux dans les miens, comme ça,

sans sourire ni agressivité,

un regard vide, inexpressif…

Peut-être qu'elle pense à autre chose ? Qu'elle ne se rend pas compte qu'elle me regarde ? Peut-être qu'en fait, elle ne me regarde pas ? Que ses yeux sont sur moi par hasard, comme sur un arbre ou sur un chien ?

Son regard me traverse…

Ou alors elle constate juste froidement que je la regarde ?

Moi je tiens bon. Je suis sûr que de l'extérieur, personne ne devine que mon cœur bat si vite.

Et puis voilà, elle détourne la tête, c'est terminé. Mon cœur se calme, je respire.

Il y a elle, qui ne me regarde plus. Et il y a moi, qui continue.

Les autres n'existent pas.

Jusqu'à l'arrivée du bus, je l'observe.

Elle m'intrigue. Elle a l'air d'être ailleurs.

J'aimerais savoir si ça l'amuse ou la dérange que je l'observe comme ça, si ça l'énerve ou qu'elle s'en fout…

Mais je ne suis même pas sûr qu'elle le remarque.

Le bus arrive déjà bien rempli.

Je monte derrière elle.

À peine passée la porte, une fille avec des gros seins lève le bras et appelle « Anna ! » Devant moi, la brune lève la tête et la rejoint. Anna, donc, s'assied à côté de la fille aux gros seins. Et comme les sièges derrière elles sont occupés par deux filles bruyantes, voire hystériques, je m'assieds plus loin avec l'espoir d'entendre leur conversation.

Je me demande quelle voix a Anna ? Quel genre de voix va avec ce genre de corps ? J'imagine une voix un peu pincée, peut-être maniérée… Je tends l'oreille pour essayer d'entendre quand un bouffon s'installe à côté de moi. Il dit s'appeler Allan et veut savoir si je suis nouveau. Je lui demande s'il m'a déjà vu. Il me répond que non. Je dis que je dois être nouveau alors ! Il en sait rien, vu qu'il est nouveau aussi. Et là, je comprends deux choses. La première, que ça se lit sur ma figure que je ne suis pas d'ici. La seconde, que je suis dans la merde parce que ce gars va pas me lâcher.

– T'es en quelle classe ? je demande.

– Seconde B, il répond.

Et je respire parce que d'après le papier que j'ai reçu, je suis en seconde A.

Ce n'est pas que j'ai envie de passer la fin de l'année seul comme un rat. Mais là, tout de suite, j'ai pas envie de me faire des potes. On vient d'emménager, c'est le début du printemps, je découvre le silence, le plaisir d'avoir ma chambre, la joie d'être avec moi-même et je veux juste en profiter. Digérer le départ de ma mère et l'absence de mes amis. Pour la sociabilité, l'insertion et tout le tintouin, pas envie de faire d'efforts, on verra ça plus tard.

Anna est en seconde A. Comme moi. Peut-être qu'elle a un an d'avance…

Quand je lui demande si je peux m'asseoir à côté d'elle, elle me regarde surprise, genre *d'où tu viens, toi ?* et j'en déduis qu'effectivement, elle a pas dû me voir à l'arrêt de bus.

Mais elle a pas le temps de me répondre que miss gros seins arrive de nulle part et s'installe exactement là où je voulais, poursuivant une conversation commencée dans le bus… et Anna me zappe totalement. Pas de *désolée*, de *assieds-toi de l'autre côté*, rien !

Je choisis une place un peu plus loin derrière, délibérément seul, tranquille, à quelques tables, histoire de pas les coller mais de pas être trop loin non plus.

Littérature.

Je sors mon bouquin et commence à le feuilleter parce que la prof n'arrive pas. Les élèves qui attendent un prof, dans mon ancien lycée, ça n'aurait pas été envisageable.

Ici, ça semble tout à fait normal.

Mon bouquin me plaît davantage que celui que j'avais avant. Celui-là donne envie d'être lu. Moi, de toute façon j'aime lire. Mais c'est pas une raison. Je préfère quand même un livre qui donne envie d'être lu. C'est toujours mieux.

La prof arrive avec Allan.

Merde ! Qu'est-ce qu'il fait là celui-là ?

Il regarde alentour et me désigne du doigt. La prof l'invite à entrer.

Avec un sourire qui ne se laisse pas intimider par mon visage de refus, il vient s'asseoir à côté de moi tandis que la prof rejoint son bureau.

– Je suis allé voir le dirlo, il dit. J'ai expliqué qu'on était nouveau tous les deux, qu'on s'était rencontré dans le bus et que ce serait plus facile si on était dans la même classe. Il a très bien compris.

Je lui réponds qu'il aurait pu me demander mon avis parce que j'en ai rien à foutre, moi, qu'on soit dans la même classe, qu'on n'est pas potes et que pardon mais le rang est vaste et vide alors s'il pouvait aller s'asseoir un peu plus loin.

Il est blessé. Et moi, énervé qu'il soit blessé parce que merde, j'ai rien demandé. Juste qu'on me foute la paix. Qu'on me laisse prendre mes marques.

Et maintenant quoi ?

Je culpabilise. Évidemment.

Jamais j'ai parlé comme ça à quelqu'un. Jamais.

Mais j'ai pas envie de passer la fin de l'année à côté de ce type !

Allan, merde, fallait me demander.

Mais comme il me regarde plus, je peux pas lui sourire pour m'excuser. J'attends un peu mais… Oh ! Et puis, je m'en fous. C'est vrai ! Au fond de moi, quelque chose s'en fout : de toute façon, je ne suis pas chez moi ici.

Alors je zappe, tant pis, la prof commence son cours.

chapitre 5

– Allô ?
– Allô Pierre ?
– Maman ?
– Je voulais savoir comment s'était passée ta rentrée ?
– Bien.
– Tu t'es fait des amis ?
– Non.
– T'as parlé avec des gens, un peu ?
– Un peu.
– T'es tellement réservé…
– Je suis pas réservé.
– Avec qui t'as parlé ?
– Maman !
– Je m'inquiète.
– Ben fallait pas partir alors !
– …
– Excuse-moi.
– …

– Je vais faire un exposé avec une fille. Fallait se mettre par deux.

– Ah ! C'est bien, ça ! Elle s'appelle comment cette fille ?

– Anna.

– Il est sur quoi l'exposé ?

– Oscar Wilde.

– Un personnage intéressant !

– ...

– Comment va ton frère ?

– Bien.

– Ton père ?

– Tu veux lui parler ?

– Non, non, j'ai déjà presque plus de batterie.

– T'appelles d'où ?

– Une escale. En Égypte.

– ...

– ... Je suis contente que ta rentrée se soit bien passée.

– ...

– Embrasse ton frère pour moi, hein ?

– OK.

– À bientôt !?

– À bientôt.

Elle raccroche.

Je raccroche.

Je me sens vide.

Je me sens pas très bien.

Guillaume est dans sa chambre. Je frappe.

– Quoi ? il hurle.

Je rentre. Il est assis sur sa fenêtre et lit.

– Maman t'embrasse, je dis.

– Maman ?

– Oui.

– Elle ne voulait pas me parler ?

– Elle avait plus de batterie.

– Ah.

Il a l'air un peu triste.

...

– Comment elle va ?

– J'en sais rien.

– T'as pas demandé ? il s'indigne.

– J'ai oublié. Elle voulait savoir comment s'était passée ma rentrée.

– Ah.

Il a toujours l'air triste.

...

– Elle a dit quand elle rappellerait ?

– Non.

– Hum. J'essaierais tout à l'heure.

– Elle est en Égypte.

– Elle a dit quelque chose sur papa ?

Je secoue la tête, l'air un peu désespéré.

Lui aussi a l'air désespéré genre *elle ne reviendra pas*.

Et puis on entend la porte en bas : papa vient de rentrer.

– Y a quelqu'un ? il hurle.

– On est là !

On attend. On écoute. Papa pose ses affaires dans la cuisine et ouvre le frigo.

– J'ai acheté de la bière, ça intéresse quelqu'un ? il hurle.

Guillaume saute du rebord de la fenêtre et se précipite. Je reste tout seul dans sa chambre.

Papa a acheté de la bière !? Ben ça alors…

Moi, j'ai pas encore le droit d'en boire.

Je m'allonge sur le lit. Je me sens toujours un peu vide.

Ça fait du bien de se retrouver seul après cette journée.

Dans ma tête tout se mélange : maman, Allan, Anna…

Quand je pense que j'ai oublié de demander à maman comment elle allait…

Et quel con de lui avoir dit que si elle s'inquiétait, elle avait qu'à pas partir…

Sa voix tremblait après.

Mais qu'est-ce qu'elle croit ? Que je vais rester dans mon coin jusqu'à la fin de l'année sans parler à personne ? Et même si c'était le cas, en quoi ça la regarde ?

C'est pas parce que je trouve pas les mots quand il y a quelque chose d'important à dire ou quand il faudrait faire la conversation, que je suis timide ! Elle, elle croit que c'est pareil. Mais je suis pas timide. C'est juste que j'aime bien être seul. Et que quand je sais pas quoi dire, ben je me tais.

Papa frappe et demande s'il peut entrer.

Lui aussi veut savoir si ma rentrée s'est bien passée.

– Très bien.

– T'as rencontré des gens sympas ?

Il demande ça, mais pas de façon à sous-entendre que je n'ai fait la connaissance de personne, non. Papa part du principe que j'ai rencontré des gens et s'inquiète de savoir si parmi eux, certains sont sympas. C'est pas pareil.

– Oui, ça a l'air cool.

– Les autres ne vont pas trop te manquer ?

– C'est pas comme si j'allais jamais les revoir, hein ? Je prends le bus pour l'autre côté de la ville, et…

– Hum. N'empêche que c'est quand même un grand changement, hein, en cours d'année.

Et ça aussi, ça me fait plaisir qu'il le dise parce que depuis le début, c'est le premier à le faire remarquer. Lui qui, comme moi, ne dit rien d'habitude – ou jamais l'essentiel –, ça me fait plaisir.

– Je devrais me débrouiller, je dis.

Je sais que je devrais développer, dire que j'aime la maison et surtout le fait d'avoir ma chambre, qu'Anna a l'air cool et qu'il doit pas s'inquiéter parce que pour l'instant, tout se passe plutôt bien et puis que j'apprécie de découvrir la solitude, que le fait de connaître personne dans ce lycée me fait du bien – je connaissais tout le monde dans l'ancien vu que j'y étais depuis la sixième et c'était limite fatigant... Mais je trouve pas les mots. Je vois pas l'intérêt de raconter tout ça. Et papa non plus sait plus quoi dire. Il a l'air rassuré que tout se soit bien passé et content de ce petit échange entre nous. Moi aussi, je suis content. Première fois qu'on parle un peu tous les deux, je crois, sans qu'il y ait maman ou Guillaume au milieu pour nourrir la conversation.

Finalement, il me tape amicalement sur la cuisse genre *c'est bien* et quitte ma chambre.

Je reste allongé sur le lit. Je souris. Je me sens bien. Je me sens plein.

J'ai oublié de lui dire que maman a appelé.

Tant pis.

Peut-être que ça vaut mieux comme ça.

Sûr que Guillaume le lui dira s'il pense que c'est important. Sûr qu'il saura le dire mieux que moi, faire en sorte que papa ne soit pas triste.

chapitre 6

On arrive chez Anna. On doit travailler pour l'exposé.

Anna sonne : elle a oublié ses clefs.

Mme Béron nous ouvre avec un sourire habitué.

Quand je vois la mère de mes amis, en général je suis surpris de les trouver vieilles parce que j'oublie que c'est ma mère qui est jeune.

Mais, là, c'est pas ce que je pense. Ce que je pense, là, c'est *waouh*. Pourtant, Mme Béron est plus âgée que ma mère. Mais… *Waouh*. Pas le même genre quoi. Sûr que ma mère est une belle femme mais… Ma mère c'est une maman quoi, elle s'habille et se coiffe chic pratique et c'est quand on la regarde d'un peu plus près qu'on s'aperçoit qu'elle est jolie, que ses yeux sont verts et surtout, que son sourire est large et franc comme un soleil de juillet.

Là, Mme Béron c'est autre chose. Bien sûr que c'est une maman puisque c'est la mère d'Anna mais… *Waouh*, quand même, c'est autre chose.

Je ne sais pas si j'aimerais avoir une mère comme Mme Béron.

Est-ce que je penserais *waouh* si c'était ma mère à moi ?

Je me demande si ma mère était aussi sexy avant de nous avoir, Guillaume et moi. Est-ce qu'une femme arrête d'être sexy quand elle a des enfants ?

Est-ce que maman est toujours sexy mais que je ne le vois pas parce que je suis son fils ?

– J'ai oublié mes clefs, dit Anna en passant la porte sans même la saluer.

Moi je souris et dis bonjour parce que je suis quand même l'invité. En retour, je reçois un sourire tendre, maternel, qui a l'air de vouloir s'excuser du comportement de sa fille. Je baisse la tête pour ne pas rougir, parce que son sourire me fait chaud au cœur.

Mme Béron nous fait entrer dans l'appartement et me demande mon prénom. Quand je dis « Pierre », elle s'écrit « Pierrot ! », émue comme devant un chiot. Puis, elle me passe la main dans les cheveux et me dit de faire comme chez moi. Anna secoue la tête, atterrée. Je le serais sans doute aussi si ma mère infantilisait mes amis comme ça. Mais là… Mme Béron peut me passer la main dans les cheveux autant qu'elle veut et m'appeler Pierrot si ça lui fait plaisir.

Est-ce que moi, en tant qu'homme, j'aimerais avoir une femme aussi sexy ?

Sans doute qu'on se sent toujours menacé au bras d'une femme qui attire autant les désirs. Sans doute qu'on passe son temps à avoir peur qu'elle finisse par en choisir un autre.

Il doit falloir beaucoup de confiance en soi. Suffisamment pour ne pas croire que cette femme vous appartient et l'aimer pour ce qu'elle est, c'est-à-dire aussi pour le regard des autres.

Alors je me dis que l'homme qui se sent menacé à côté d'elle doit surtout avoir un problème avec lui-même, et que la femme n'a rien à voir là-dedans.

Et là, je respire, fier, parce que *waouh*, ces réflexions sont d'ordinaire la spécialité de Guillaume ! Preuve que je serai bientôt un homme moi aussi.

Dans la foulée, je décide que je veux être le genre d'homme qui ne se sentira pas menacé d'être avec une femme comme ça. Même si un jour elle s'en va, comme maman est partie alors qu'elle n'est pas du genre à attirer les regards.

Est-ce que maman est partie parce que papa ne la désirait plus ?

Est-ce que ça compte encore, à leur âge ?

Je ne veux pas penser à ça, ça ne me regarde pas, je ne suis que le fils dans cette histoire, je ne veux pas penser à papa et maman comme je pense, là, à Mme Béron.

La mère d'Anna, c'est Anna en mieux. Elles se ressemblent comme deux gouttes d'eau – ça, c'est indéniable – sauf qu'Anna est le modèle fermé et sa mère, le modèle épanoui.

D'abord, Mme Béron a les cheveux bouclés. Et puis elle est plus grande, plus pulpeuse. Elle a une façon de bouger… on dirait une vague. Tout son corps est une ondulation. Et elle sourit tout le temps. Mais pas avec des sourires figés, polis ou bienveillants, non. Ses sourires sont francs, larges, en coin, timides, pincés, la bouche ouverte, fermée, la tête baissée, penchée… En quelques minutes, entre le moment où elle a ouvert la porte, dit bonjour, demandé comment je m'appelais, comment était l'école, et celui où elle a expliqué qu'elle travaillait avec un collègue dans son bureau, elle nous a adressé des sourires de surprise, de tendresse, d'excitation, de désolation, d'intérêt et j'en passe. Je ne savais pas qu'il existait un si grand nombre de sourires différents !

Anna, elle, a autant de façon de tirer la tronche que sa mère, de sourires. Mais au niveau *variation dans leur domaine de compétences*, elles sont très fortes toutes les deux. Parfois, Anna arrive même à sourire en tirant la tronche. Ça donne à sa moue un côté cynique, ironique ou méprisant, ça dépend.

Mais franchement, entre la mère et la fille, y a pas photo, moi je choisis la mère.

Mme Béron retourne travailler. Anna propose qu'on s'installe dans le salon parce qu'il y a plus de place que dans sa chambre. Ça me va.

On sort nos affaires.

Anna va chercher une bouteille d'eau, des verres…

Je me demande si le corps d'Anna prendra les mêmes formes que celui de sa mère avec le temps. Je me demande si elle finira par lui ressembler vraiment ou si, à force d'y résister, elle se desséchera.

– Tu voudras du café ? J'en ai lancé un.

Je réponds que je le rattraperai volontiers.

Elle fait une grimace.

Soit elle n'a pas compris ma blague, soit ça ne la fait pas rire.

J'insiste pas, j'ouvre mon bouquin.

Oscar Wilde : Replacez l'auteur et son œuvre dans leur contexte social et littéraire et dites ce qui chez l'un et l'autre s'inscrit parfaitement dans ce contexte et ce qui, au contraire, le bouscule.

Putain de sujet.

C'est pas comme si on était très pressés : trois mois ! C'est pour la fin de l'année. Il va falloir lire Oscar Wilde et puis des livres sur lui aussi : on a une liste.

On se partage le boulot et franchement, au stade où on en est, on pourrait très bien lire chacun de notre côté et s'envoyer les comptes rendus par e-mail. Mais Anna trouve important qu'on se cale des moments pour échanger et débattre. Elle dit qu'échanger des fiches de lectures n'est jamais suffisant. Qu'il faut qu'on parle. Je lui demande si on en est déjà là et ce que j'ai fait de mal !?

Elle refait sa grimace de tout à l'heure.

Soit elle n'a pas compris ma blague, soit ça ne la fait toujours pas rire.

Je laisse tomber.

Moi, j'ai juste dit ça parce que les derniers temps, quand mes parents étaient ensemble, j'entendais souvent ma mère dire à mon père : « Il faut qu'on parle. » Mais bon : évidemment, elle ne peut pas comprendre l'allusion.

Bref. On est assis dans son salon à lire chacun dans notre coin, prêts à débattre sur une quelconque phrase que l'un de nous lirait.

Le temps passe et je me demande ce que je fais là.

Elle commence à m'angoisser, cette fille.

J'ai envie de lui demander pourquoi elle m'a proposé de travailler avec elle. Pourquoi elle n'a pas proposé à miss gros seins ?

Cela dit, miss gros seins s'est jeté sur Allan, le pauvre.

Peut-être qu'elle est juste curieuse. Parce que je suis nouveau. Peut-être qu'elle est sympa, au fond. Que sa mauvaise humeur et son mépris sont une forme de timidité. De toute façon, je préfère être en binôme avec elle plutôt qu'avec Allan !

Sûr qu'Allan aurait gentiment repoussé miss gros seins si je m'étais retrouvé seul. J'ai vu qu'il hésitait. Qu'il était soulagé qu'Anna me propose de travailler avec elle.

– Quoi ? elle demande, agressive.

Je ne me suis pas rendu compte que je la regardais : je pensais travailler.

Je pensais lire *Le Portrait de Dorian Gray*.

Mais force est de constater que je ne lis plus depuis un moment et que je la regarde.

– En fait…, je commence sans savoir comment continuer. Je me demandais où étaient les toilettes.

Elle fait encore sa grimace qui, cette fois, signifie clairement que je suis un garçon bizarre, voire stupide, puis replonge dans sa lecture tout en m'indiquant vaguement de la main une direction en disant :

– Ferme bien les deux portes !

Deux portes ?

La première porte, celle par laquelle j'entre, donne sur le salon dans lequel nous travaillons. Je la ferme à clef.

La seconde, en face de la première, de l'autre côté de la salle de bains, est légèrement entrouverte et donne sur le cabinet de travail de Mme Béron.

Mme Béron est de dos, debout, les mains appuyées sur le bureau, à côté de son collaborateur. Elle regarde l'écran de l'ordinateur devant lequel il est assis. La pièce a de grandes fenêtres, un mobilier en bois, et aussi une seconde porte qui, selon mon sens de l'orientation, doit donner sur l'entrée. Une bonne idée d'avoir fait de cette pièce son bureau : Mme Béron peut y inviter ses collègues de travail sans qu'ils pénètrent à proprement parler dans l'appartement.

Je vais fermer la porte quand je vois le pied droit de Mme Béron quitter son talon haut et remonter le long de son mollet gauche pour le masser. Tant de fois j'ai vu ma mère faire ce mouvement-là. Jamais je n'en ai constaté l'extrême sensualité. Mais devant ce pied nu, montant et descendant le long de ce mollet tout aussi nu, je me sens soudain incapable de bouger et commence à bander. Mme Béron porte une jupe grise, moulante, qui lui arrive juste en dessous des genoux, et un chemisier blanc, fluide. Sa veste est posée un peu plus loin, sur celle du collaborateur : ils se sont mis à l'aise. Je ne vois pas leurs visages et me demande quel âge a le collaborateur. Je n'entends pas non plus ce qu'ils se disent : ils parlent à voix basse, semblent commenter ce qu'ils voient à l'écran. Je sais qu'il faut que je ferme cette porte. Mais le pied de Mme Béron regagne sa chaussure et elle se redresse, pose ses mains sur ses reins, s'étire… Sa taille est fine et cambrée… Je bande encore. Ça me fait mal.

– Ça va ? demande l'homme.

De profil, je ne lui donne pas plus de 35 ans. Peut-être à peine plus jeune que mon père. Il a un visage arrogant et n'a pas l'air très sympathique.

– Ça va, oui.

Il demande si elle est sûre de ne pas vouloir s'asseoir.

Elle est sûre, oui : elle réfléchit mieux debout.

Je vais pour fermer la porte quand Mme Béron se penche pour taper quelque chose sur le clavier. Ses fesses ainsi directement offertes dans ma direction m'empêchent de nouveau de bouger, l'excitation me paralyse.

Je note que le collaborateur aussi a fait rouler sa chaise en arrière de quelques centimètres, soi-disant pour lui laisser la place d'écrire, mais en fait pour regarder ses fesses.

Au lieu de fermer la porte, je passe ma main dans mon caleçon et m'imagine à la place du collaborateur, passer lentement ma main sous la jupe de Mme Béron et remonter le long de ses cuisses, jusqu'à ses fesses. Je la revois s'étirer, se cambrer. Les images se mélangent dans ma tête, se superposent. Je remonte sa jupe, caresse ses seins à travers son chemisier…

Je rejoins le lavabo, suffoque, respire, soupire…

Je jouis.

J'ai honte.

Mais pas longtemps.

Je me sens bien.

Je referme mon pantalon et nettoie le lavabo.

Avant de retourner dans le salon, je jette un dernier coup d'œil dans le bureau. Mme Béron embrasse son collaborateur à pleine bouche.

Merde alors, je pense.

Quand elle s'assied sur ses genoux, je ferme enfin la porte.

Anna me regarde comme si je revenais de loin. Elle me demande si je suis tombé dans le trou. Je lui réponds que non. Elle me fait remarquer que je n'ai pas tiré la chasse. Je rétorque qu'en fait, je n'y suis pas allé et lui demande si elle a d'autres questions. Elle refait sa grimace de mépris et ne fait plus de commentaires.

Deux heures plus tard, nous décidons – Anna décide ; moi, j'approuve – que c'est assez pour ce soir. Elle me demande si je veux boire autre chose et je dis que non, merci, ça va comme ça.

– Sûr ? Moi je vais prendre une bière !

Alors je dis que oui, une bière, c'est une bonne idée.

Jamais je n'ai bu de bière en fin de journée, pour me détendre comme les hommes font dans les films.

Maman n'aime pas ça, la bière, elle trouve ça vulgaire.

Je finis par demander :

– Elle te laisse boire de la bière comme ça ta mère ?

– C'est pas comme si c'était de la vodka !

Évidemment, vu sous cet angle…

Puisqu'on en est à parler de sa mère, j'en profite pour poser quelques questions.

– Si tu lui demandes, elle te dira qu'elle a 38 ans. Mais elle en a 45. Elle est avocate. Elle m'a eu à 30 ans. Quand j'ai voulu savoir qui était mon père, elle m'a répondu que j'étais un accident délibéré et égoïste.

Face à mon incompréhension, Anna précise qu'à 30 ans, sa mère a décidé qu'elle voulait un gamin mais qu'elle n'avait pas le temps – ni l'envie – pour une relation de couple. Elle avait de l'argent et elle s'est dit que ça remplacerait. Pas au niveau de la présence, mais de l'organisation.

– Dans une famille avec un père et une mère tout est aussi question d'organisation : quand l'un travaille tard, l'autre prend le relais. Moi, j'ai toujours été très bien entourée : nounou, baby-sitter, fille au pair… Je suis persuadée que ce qui empêche les femmes de faire des enfants toutes seules, c'est le fric. C'est pour ça que les hommes ont peur de l'émancipation des femmes. Si elles gagnent suffisamment pour faire des gosses toutes seules, alors…

Anna parle beaucoup trop vite pour moi et de sujets auquel je ne me suis jamais intéressé. Quelle peur de l'émancipation des femmes ? Qu'est-ce que ça signifie exactement *émancipation* ?

– Moi, je vis dans un appart immense, je fais plus ou moins ce que je veux, je ne manque de rien… Sauf d'un père, bien sûr. Et d'une mère aussi, à bien y réfléchir. Mais je suis tellement habituée que j'aurais beaucoup de mal à ce que les choses soient autrement. Et au bout du compte, je ne crois pas être plus malheureuse que la plupart des gens que je connais. Et toi ?

Moi ?

Je raconte vite fait mon histoire ridicule comparée à la sienne : une mère qui s'en va... Rien de politique là-dedans, pas grand-chose à ajouter... Peut-être que je pourrais parler de l'usure des couples et des choses qu'on pensait être les plus importantes de notre vie, mais je n'ai rien préparé, ne sais pas formuler...

Mme Béron fait son apparition. Elle a raccompagné son collaborateur.

– Terminé ? elle demande.

– Et vous ? je réponds sans savoir d'où me vient cet aplomb.

Elle me toise sans rougir.

Me sourit.

– Nous terminerons demain. Le dossier est conséquent, ça suffira pour aujourd'hui. Et vous ?

– Pareil, répond Anna.

Peut-être qu'il ne s'est rien passé dans ce bureau, qu'ils se sont juste embrassés...

Mme Béron ne fait aucune réflexion sur le fait que nous buvons de la bière. Elle s'en sert une elle aussi.

– Tu manges là Pierrot ? Je commande des sushis ?

Il est presque huit heures. Je dois rentrer.

Besoin de me retrouver seul, un peu.

On finit nos bières.

Anna me raccompagne jusqu'à la porte et… elle me sourit !

Je ne sais pas si elle est soulagée que je m'en aille, heureuse qu'on ait passé l'après-midi ensemble… Je ne sais pas.

En tout cas, elle ressemble à sa mère avec ce sourire-là et ça me fait baisser la tête parce que les images des fesses de Mme Béron me reviennent. Le sourire d'Anna et celui de sa mère se mélangent dans ma tête, je rougis comme un con. Anna le prend pour elle, évidemment.

– À demain ? elle demande, comme une invitation.

– À demain, je réponds, mal à l'aise.

Je la trouve ridicule de me sourire comme ça, comme si c'était son truc, de sourire. Ça lui va tellement pas ! Mais je la trouve touchante aussi, d'essayer. C'est moi qui suis ridicule, là, à pas lui faire la bise, pas l'embrasser… Qu'est-ce qu'elle attend, là, à pas refermer la porte ?

Je disparais.

Quand j'arrive à la maison, Guillaume est au téléphone. Je l'entends dire :

– Ah ben tiens voilà Pierrot ! J't'embrasse maman !

Et il me tend le combiné.

– Allô ?

– Oui, mon chéri c'est moi, tu…

Bip, bip, bip… Ça fait sur la ligne.

Ça a coupé.
Bip, bip, bip…
Je raccroche.
Merde.
Je suis tout seul dans l'entrée.
Le silence me fracasse.

chapitre 7

Trois heures du mat. Dans le couloir j'entends *clic* et mes yeux s'ouvrent aussitôt : quelqu'un vient d'allumer la lumière dans le couloir. Moi qui pensais dormir, je me rends compte à quel point mon sommeil est léger. Pas la première fois que je le constate depuis qu'on est ici.

J'attends les pas pour savoir qui de papa ou de Guillaume s'est levé.

Sûrement l'un d'eux qui va aux toilettes et ira se recoucher.

Mais les pas descendent l'escalier.

Je reconnais ceux de papa.

J'écoute.

En dessous de ma chambre, dans la cuisine, je l'entends qui va et vient, ouvre et referme la porte du réfrigérateur puis celle de différents placards…

Il cherche quelque chose ?

Non, il se fait du café. C'est ça.

Une chaise est tirée et le silence se fait.

Je n'entends plus que le ronronnement de la machine qui passe le café.

J'attends.

Qu'est-ce qu'il fait maintenant, tout seul dans la cuisine ?

Est-ce que je devrais descendre ?

Pour lui dire quoi ? Lui demander comment il va ?

Sûr qu'il me répondra qu'il va bien et que je ne saurai plus quoi dire.

Sûr que papa n'avouera jamais, ni à Guillaume ni à moi que ça ne va pas, que maman lui manque et qu'il se sent perdu.

Papa a décidé qu'on allait s'en sortir *entre hommes*.

Papa a décidé qu'il serait fort pour nous et ne reviendra pas là-dessus.

Peut-être que je pourrais lui dire qu'il n'a pas besoin d'être fort et que de toute façon, on le voit bien qu'il est perdu.

Il a toujours été droit comme un « i ». Depuis quelques semaines, il est courbé comme la cédille du « c ». Tout s'est mis à tomber chez lui : ses paupières, ses bras... Tout est plus lourd et plus crispé. Même son sourire.

Depuis que maman est partie, papa a vieilli.

Peut-être que je devrais lui dire ça : que fort ou pas, l'essentiel c'est qu'il soit là. Qu'on soit là tous les trois, les uns pour les autres. Parce qu'on est une famille et qu'au fond, s'il se permettait de nous montrer un peu plus sa tristesse, peut-être que ça nous ferait du bien.

Parce que tant que papa tient le coup, tant qu'il fait des efforts pour paraître fort, c'est comme si nous aussi on devait l'être.

J'entends Guillaume se lever et descendre l'escalier, rejoindre papa dans la cuisine. Comme d'habitude, Guillaume ose ce que je n'ose pas. Jamais je ne descendrais maintenant.

Je glisse de mon lit, m'allonge sur le sol sans faire craquer le parquet et colle mon oreille entre deux lattes écartées.

– Ça va ? demande Guillaume.

Papa ne répond pas.

Mais je suppose, le connaissant, qu'il hoche affirmativement la tête d'un sourire navré.

– Je t'ai réveillé en me levant ?

– Je ne dormais pas vraiment. Depuis qu'on est là, je dors pas très profondément. J'ai l'impression que ça fait des siècles que j'ai pas passé une vraie bonne nuit. Il doit y avoir quelque chose dans cette maison.

– … Ou y manquer quelque chose, au contraire.

J'arrête de respirer.

J'en reviens pas qu'il ait dit ça.

Je regarde entre les lattes, essaie de voir…

J'entraperçois Guillaume, les yeux rivés sur son café,

et papa, assis en bout de table, qui prend sa tête dans ses mains.

Je sais pas si Guillaume cherche ses mots ou s'il respecte le silence de papa…

En un effort qui semble extrême, papa relève la tête pour dire à Guillaume qu'il devrait aller se coucher.

– … Et toi ?

– … Je vais pas tarder non plus.

Mais Guillaume ne s'en va pas.

Il tire une chaise et s'assied à côté de papa.

– À nous aussi elle manque tu sais…

Mais papa ne dit rien. Il garde sa tête dans ses mains et moi, j'ai envie de pleurer.

– Ce serait plutôt sain que tu le dises, de temps en temps, parce que si tu crois qu'on ne voit rien. Y a pas que toi qui est là pour nous : nous aussi on est là pour toi. Qu'est-ce que tu crois ? Que tu nous épargnes ? Que tu nous protèges ? Que si tu ne craques pas, on pensera que tout va bien ? Dis-toi que même si toi tu allais bien, à nous, elle nous manquerait. Même si vous vous étiez déchirés, même si tu étais ravi qu'elle soit partie, même si tu pétais la forme, pour nous ce serait quand même difficile.

– Mais justement, autant ne pas en rajouter, hein ?

– … Tu empires les choses, c'est tout.

– Peut-être pas pour Pierre.

– Pierre n'est plus un gamin.

– Je sais jamais ce qu'il pense, ce qu'il ressent.

– Et pourquoi tu ne le lui demandes pas ?

– … C’est ta mère qui parlait. Moi… Elle me racontait. Pierre a l’air tellement… renfermé.

– Je me demande de qui il tient ?

La tête de papa est dans un étau. Je crois qu’il voudrait la faire exploser, éclater, comme une cocotte-minute sous pression.

À moins qu’il ne la tienne justement pour qu’elle n’éclate pas. Pour que tout ce qu’il y a dedans ne tombe pas en mille morceaux sur le sol de la cuisine…

Il dit :

– Je lui en veux tu sais ! Je lui en veux tellement !

Guillaume passe un bras autour de ses épaules et du plus loin que je me souvienne, jamais je ne l’ai vu avoir un geste aussi tendre, aussi sincère avec qui que ce soit. De les voir aussi proches, ça me donne envie de descendre pour partager le moment, leur dire que je suis là moi aussi, et que je comprends.

Mais je ne bouge pas, j’observe, j’écoute, j’essaie de ne pas pleurer parce que mes larmes m’empêcheraient de voir et mes sanglots, d’entendre.

Papa se reprend, se redresse, dégage tendrement son visage, ses épaules du bras de Guillaume. Il reste songeur, absent, je ne sais pas, je crois qu’il ravale, qu’il respire, qu’il veut paraître fort, encore…

Mon frère le regarde, prend son temps, puis lui dit :

– Vous ne vous seriez jamais marié si maman n'était pas tombée enceinte de moi. Pourquoi elle n'a pas avorté ? Vous vous seriez quittés après la croisière, vous seriez restés l'un pour l'autre un souvenir de vacances…

– Elle ne voulait pas.

– Et toi ?

– Moi… J'étais terrifié. Je ne savais pas quoi faire. C'est quand t'es arrivé que c'est devenu évident. Je ne me suis plus posé de questions. Mais c'est elle qui a commencé à s'en poser. Elle n'a plus jamais arrêté de s'en poser, des putains de questions. J'ai essayé d'y répondre en sécurisant matériellement la situation… J'ai toujours bossé comme un âne pour lui offrir ce qui l'aurait aidée à oublier la mer. Mais c'est pas ça qu'il lui fallait, à ta mère. Elle voulait qu'on aille vivre dans un port, qu'elle puisse embarquer de temps en temps. Et moi, le vent, l'odeur de l'iode, ça me donne mal à la tête.

– T'allais pas passer la moitié de ta vie à l'attendre dans une ville que t'aimais pas, et l'autre moitié à la sentir avoir envie de partir !

– Et elle, elle allait pas passer la sienne enchaînée à un bout de carrelage – c'est comme ça qu'elle appelait la maison.

– Je sais. Écoute, franchement, peu de gens peuvent dire qu'ils ont passé vingt ans avec quelqu'un qu'ils ont vraiment aimé. Et si maman ne t'avait pas aimé, elle ne serait pas restée vingt ans non plus. Elle nous aurait embarqués sur son bateau, Pierre et moi. Votre histoire, elle est plutôt belle je trouve. Et puis vous vous êtes quittés sans cris, sans nous en mettre, à nous, plein la tête. Vous avez fait ça bien.

Papa ne répond pas.

Le silence s'installe de nouveau.

Papa semble absent. Mais détendu. Vidé d'un poids.

Guillaume lui passe la main dans le dos encore une fois puis quitte la pièce, remonte dans sa chambre.

Papa se ressert un café.

Ses larmes se remettent à couler. Il n'essaie plus de les retenir. Il ne les essuie pas.

Je me rends compte que c'est pour ça que Guillaume est parti : pour le laisser pleurer. Parce qu'il devait sentir que papa en avait besoin, tout seul.

Allongé sur mon plancher, je pleure moi aussi. En silence.

Je pleure de soulagement.

C'est quand même quelqu'un de bien, mon frère. Il sait trouver les mots qu'il faut, et le bon moment pour les dire.

Est-ce que ça s'apprend, *les mots justes* ?

Est-ce qu'un jour, moi aussi, je saurai dire avec exactitude ce que je ressens ?

C'est peut-être une histoire de confiance en soi ? Ou c'est la philo qui a appris ça à Guillaume ?

Non. Petit déjà, Guillaume mettait des mots sur ce qu'il ressentait. Mais quand même, si c'est possible, j'aimerais bien apprendre. Histoire de pas finir dans une cuisine à trois heures du matin avec un fils qui m'explique la vie et un autre qui ose pas descendre.

Parler, ce serait aller voir Guillaume et lui dire que je suis d'accord avec ce que j'ai entendu. Ce serait aller voir papa pour lui dire que moi aussi je dors mal et qu'il arrête de croire que parce que je suis le plus jeune, je suis moins sensible à ce qui se passe.

Parler, je suppose que c'est aussi apprendre à se taire quand il le faut et par exemple, là, ne rien dire à papa, seulement le prendre dans mes bras.

Mais papa a besoin d'être seul pour le moment et Guillaume…

Je ne crois pas qu'il dorme…

Peut-être qu'il est assis sur son lit et que lui aussi, il pleure.

Je me sens mieux.

Doucement, je remonte dans mon lit. Quelque chose en moi s'est dénoué : ça fait du bien de savoir qu'au fond, on traverse et on éprouve la même chose.

Parler, j'apprendrai demain.

Ce soir, Guillaume a déjà tout dit.

chapitre 8

Je m'entends bien avec Anna. Je ne sais pas pourquoi. Si, je sais : cette histoire de rythme intérieur. Concrètement, on partage pas grand-chose. Les récréations, on les passe le plus souvent sur un banc, à regarder les autres et à les critiquer, parce que c'est ce qu'il y a de plus facile en matière de conversation. On se moque de miss gros seins qui tourne comme un papillon autour des garçons ; d'Allan qui passe son temps à lire assis tout seul sur un autre banc. On sent bien que miss gros seins est curieuse d'Allan. Parfois, elle butine autour de lui et c'est pathétique de voir à quel point il est pas concerné. Elle finit toujours par s'éloigner, un peu vexée genre *j'ai pas dit mon dernier mot*. Ils travaillent ensemble sur Baudelaire. Alors ce n'est pas comme s'ils ne s'adressaient pas la parole ! Mais en dehors du travail, Allan préfère l'éviter.

J'admire Allan. Le fait qu'il ait besoin de personne. Je veux dire… Moi non plus j'ai besoin de personne. Mais si je passais mes récréations assis tout seul comme un con, je finirais par avoir l'impression que j'en suis un. Et peut-être qu'au bout d'un moment, je serais content que miss gros seins me tourne autour.

Tout seul, on passe plus facilement pour un loser que pour un misanthrope.

Tout seul, on passe souvent pour quelqu'un d'ennuyeux, de chiant. Allan, c'est la réputation qu'il a. Et j'admire chez lui qu'il ait l'air de s'en foutre.

Anna et moi, je sais qu'on passe pour des misanthropes, des gens bizarres, un peu en marge. Du coup, tout le monde nous laisse tranquilles. Et ça me va.

Des fois, miss gros seins vient s'asseoir avec nous et nous fait la conversation. Anna répond. Moi, j'écoute. Je donne mon avis quand elles me le demandent mais souvent, j'ai pas d'avis parce que jamais je ne me suis demandé si les stars du porno étaient conscientes de leur image de pute et si elles en jouaient pour se faire du fric ou si elles étaient des victimes malheureuses et manipulées et – je cite – *c'est dégueulasse parce que ce sont les hommes qui, etc*.

Moi, tout ce que j'en dis c'est qu'avec le fric qu'elles se font, manipulées ou pas, elles pourraient quand même, au bout d'un moment, choisir leur vie, non ?

Jamais je ne me suis demandé si Britney Spears, à l'époque, était *un appel à la pédophilie*. Je me fous de savoir si Kim Kardashian est une *capricieuse immature qui n'aide pas les femmes à être prises au sérieux*. À vrai dire, je me fous même de savoir que dans notre propre classe, Caroline a trompé Jules avec Jérôme et que *c'est dégueulasse parce qu'encore une fois, c'est la fille qui passe pour une salope alors que Jérôme, c'est le meilleur ami de Jules donc que le vrai salop, c'est lui.* Mais j'ai beau me moquer de tout ça, j'ai beau faire genre *je ne suis pas concerné*, au fond j'aime bien les écouter parler. Et même, j'aime qu'elles me demandent mon avis. Ça me donne l'impression que je fais partie de quelque chose, que je ne suis pas tout seul, justement, comme un con.

Tout seul, il y a des milliards de trucs auxquels je ne réfléchirais pas. Des milliards de trucs qui me donneraient la sensation de faire partie d'un monde plus vaste.

Les filles, quand elles parlent, elles arrivent à ouvrir une porte en moi. Et ça part peut-être de l'homosexualité des acteurs à Hollywood ou des stars du porno féminin, mais dans ma tête ça finit par : *Est-ce que je suis homosexuel ? Est-ce que je suis un pervers parce que je fantasme sur les stars du porno ?*

Sans les filles, je crois que je ne penserais qu'à ma mère et à mon ancien lycée et ça ne m'avancerait à rien.

En fait, quand on est assis tous les trois sur le banc, c'est surtout Jen – c'est comme ça qu'elle s'appelle, miss gros seins – qui parle. Anna et moi, ça nous rapproche. Je sais pas comment dire. C'est comme si on n'était pas tous les trois mais que Jen était avec nous.

Quand Jen parle, Anna et moi on se lance des regards complices genre *qu'est-ce qu'elle peut parler !* Ou *n'importe quoi !* Ou *eh ben !* Ou *tu comprends ce qu'elle raconte, toi ?* Ou… Bref : des regards qui font qu'au bout du compte, on se comprend mieux elle et moi qu'on ne comprend Jen. J'aime cette idée-là, sentir qu'on est complices, Anna et moi.

chapitre 9

Dix-huit heures, je rentre de l'école.

Guillaume est affalé devant la télé, regarde des conneries en buvant de la bière, ce qui veut dire que ça ne va pas très bien.

Sur la table de la cuisine, une enveloppe ouverte, une lettre dépliée et des photos éparpillées.

Maman. Maman nous a écrit ! Nous a envoyé des photos ! Il ne peut s'agir que d'elle : maman ne fait pas dans la téléphonie mobile. Maman se passe d'Internet le plus possible et préfère les lettres aux e-mails – une lettre ça se garde, c'est quand même plus personnel, comme les photos papier.

Sur le point de bondir, j'ai un mouvement de recul : Guillaume a lu la lettre et devrait être heureux mais il s'enfonce dans le canapé et se noie dans sa bière.

Alors… cette lettre… Je m'approche prudemment.

Mes hommes.

Ça commence comme ça.

Je jette un œil sur les photos : le bateau amarré – maman devant le bateau – maman dans son costume de femme de cabine – maman faisant la fête avec d'autres femmes habillées comme elle – maman et le capitaine…

Maman est heureuse, ça ne fait pas de doute.

Maman s'éclate.

Ça me fout le cafard.

Au passage, je constate que sur l'enveloppe figurent nos trois prénoms.

Avant, quand elle partait quelques jours pour prendre l'air et qu'elle nous écrivait, elle marquait « Famille Lanco ».

De voir nos trois prénoms, là, sur la grande enveloppe, ça me fout le cafard. Trois prénoms abandonnés qui, ensemble, ne forment plus une famille.

Une façon de dissoudre la famille Lanco en éléments distincts : Pierre, Guillaume et Étienne, séparés d'Isabelle, partie.

Une manière de dire qu'aujourd'hui, ces quatre entités doivent trouver leur voie.

C'est comme ça que je le prends.

Du point de vue de maman, je suis sûr que cette attention était positive, une façon de penser à chacun d'entre nous. Jamais elle n'aurait voulu nous faire de la peine.

Je me demande aussi pour le prénom de mon père…

Est-ce qu'elle l'a écrit pour ne pas le blesser ?

Ou parce que papa lui est encore cher ?

Je ne sais pas.

Est-ce que papa pensera à tout ce à quoi j'ai pensé, moi, ou est-ce que, comme Guillaume, il constatera simplement l'absence du mot *famille* ?

Est-ce qu'il sera heureux ou malheureux d'être englobé dans ce *Mes hommes* ? Malheureux sans doute qu'elle ne lui ait pas adressé un mot à lui…

Malheureux de la photo avec le capitaine !? Malheureux de la voir si heureuse !?

Je ne sais pas.

En tout cas, moi, ça me fout le cafard.

Mes hommes,

Quelques mots pour vous dire que tout va bien à bord et que vous me manquez terriblement. Demain nous faisons escale au Caire : je pourrai donc poster cette lettre et quelques photos, que vous vous fassiez une idée de ma nouvelle vie. Je devrais également pouvoir vous appeler.

Aussi douloureux que ce soit parfois à admettre, le bleu de la mer, le ciel large au-dessus de ma tête et l'odeur de l'iode me rappellent tous les jours que ma place est ici et que c'est bel et bien cet espace-là qui me rend vivante, même si votre absence creuse en moi un vide amer. J'espère, j'espère de tout mon cœur mes bien-aimés, qu'un de ces jours vous viendrez me rejoindre et que nous partagerons ensemble, le temps d'une croisière, ce bonheur du large que vous devez bien avoir quelque part en vous puisque vous êtes issus de moi.

Pas de doute : cette lettre s'adresse bien à mon frère et à moi, pas à papa.

Soyez certains que vous remplissez mon cœur de bonheur et que je pense à vous chaque seconde qui passe.

À bientôt,

Votre maman qui vous aime.

Je comprends pourquoi Guillaume disparaît dans son canapé. De loin, il me hurle :

– Y a d'la bière dans le frigo !

Guillaume me propose de prendre une bière !? Waouh ! Maman est non seulement partie mais il ne reste pas grand-chose de ses règles de vie, ici.

Je prends une bière *t'avais qu'à pas partir* et rejoins Guillaume, lui dis qu'il faudrait peut-être cacher la lettre et les photos avant que papa rentre.

C'est trop tard. Papa est le premier à l'avoir lue et a bien pris la chose.

Papa travaille dans sa chambre et ne veut pas être dérangé.

Il a menti : il n'a pas bien pris la chose – Guillaume et moi le savons tous les deux.

Alors que la lettre, l'enveloppe et les photos restent abandonnées sur la table, nous buvons de la bière avec Guillaume jusqu'à la fin des conneries à la télé.

chapitre 10

Ce soir, Anna ne veut pas qu'on travaille chez elle : elle ne veut pas voir sa mère.

Lui dire que moi, sa mère, j'ai justement envie de la voir, serait déplacé.

Alors je ne dis rien. Je fais celui qui comprend.

Elle finit par proposer d'aller dans un café mais comme j'ai pas un rond, je propose plutôt qu'on aille chez moi et là, elle répond *ouiiiiiii* comme si c'était ce qu'elle attendait. Évidemment, moi, je commence à flipper, à me demander pourquoi est-ce qu'elle a tant envie de savoir où je vis.

Dans la cuisine, papa et Guillaume boivent un café.

Quand on arrive avec Anna, ils s'arrêtent net de parler pour la dévisager, surpris. Je me demande ce qui leur fait le plus bizarre : qu'il y ait une fille dans cette maison, ou qu'elle soit avec moi.

Machinalement, papa se lève et, se prenant pour un courant d'air, pose son mug, lance un « À plus tard les gosses ! » et disparaît.

J'ai beau crier : « Tu sors ? », il ne répond pas.

Quand je tourne la tête, je constate que Guillaume dévore Anna de son sourire *ravageur de midinettes* et qu'en face, Anna lui sourit aussi, l'air niais.

J'ai envie de les insulter, tous les deux. Et Guillaume… plus que de l'insulter, j'ai envie de le frapper. Toujours eu horreur qu'il fasse ce sourire-là aux filles de mon âge et plus particulièrement à celles avec qui je suis en classe, avec qui je travaille.

Pour les faire arrêter de sourire et leur rappeler que je suis là, je demande à Anna :

– Tu veux boire quelque chose ?

– Il reste du café ? elle demande en retour.

J'ai pas le temps de décoller le gros orteil, que Guillaume se jette déjà sur la cafetière. Au passage, il renverse sa tasse.

Ils pouffent tous les deux.

C'est pitoyable.

Je les déteste.

Les joues d'Anna continuent à rougir, ses yeux à se baisser.

Guillaume s'excuse et moi je me souviens d'un épisode de *Friends* – papa est fan, on a vu l'intégrale – où

Chandler se demande s'il doit utiliser son pouvoir d'invisibilité pour faire le bien ou le mal.

Je suis tellement énervé que j'ai envie de claquer la porte, de monter dans ma chambre en leur hurlant d'aller se faire foutre. Plus envie de bosser.

Mais pour rien au monde je ne laisserais ces deux-là seuls, ce serait trop facile. Alors je reste, je m'enracine comme une plante verte et carnivore au milieu de la cuisine.

– On va bosser dans ma chambre, j'ordonne, pour faire bouger Anna.

Guillaume dit qu'on peut rester là si on veut, qu'il va monter, lui. Je dis :

– Non, c'est bon, on sera aussi bien dans ma chambre, merci.

Je veux pas rester là, pas qu'il trouve mille excuses pour passer et repasser dans la cuisine si on y travaille. Guillaume me lance un sourire de vainqueur pas pressé. Je ne me laisse pas impressionner. Il me jette alors un regard complice, l'air de me demander ce que je compte faire dans ma chambre avec Anna. J'ignore aussi ce regard-là.

– On peut y aller ?

D'un trait, Anna vide sa tasse, la pose sur la table et répond que c'est bon.

Je lui emboîte le pas.

Elle s'arrête devant Guillaume, lui tend la main et dit qu'elle s'appelle Anna. Guillaume, grand seigneur, baise sa main au lieu de la serrer et répond qu'il s'appelle Guillaume, enchanté.

Anna monte, me devance.

Guillaume me retient par le bras, me demande à voix basse si j'ai des capotes.

Je dégage violemment mon bras genre *si tu continues, je vais t'en coller une, moi, de capote dans ta gueule.*

Il retourne dans la cuisine en se marrant.

Il faut que je me calme.

Je rejoins Anna.

En haut, elle hésite.

J'explique :

– Là, c'est la chambre de mon père. À côté, la salle de bains. La chambre de Guillaume. Et là, la mienne.

Je ferme la porte derrière elle et la prie d'excuser la lourdeur de mon frère.

Elle dit que c'est rien. Que c'est *charmant.*

J'oubliais que les filles de notre âge aiment bien sortir avec des garçons plus âgés, même s'ils sont lourds. Que je suis le seul, sans doute, à jouer encore dans la *petite cour* – comme l'appelle Guillaume –, celle où on ne fait que s'embrasser et où on croit à l'amitié entre garçons et filles.

Ça m'énerve qu'Anna puisse trouver mon frère charmant. Parce qu'elle ne sait pas, elle, à quel point il est con, ni comment il s'amuse avec les filles qui, toutes, finissent par me pleurer dessus à cause de lui.

Moi aussi, je vais jouer au con. Y a pas de raison, puisque c'est comme ça que ça se passe.

On est là pour bosser, merde.

Je vais me taper la mère d'Anna. Voilà.

Aucune raison que j'en sois pas capable.

Si Guillaume peut séduire Anna… Aucune raison qu'avec la même assurance, je ne puisse pas, moi, séduire la mère d'Anna. Sûr qu'il y arriverait, lui.

On verra bien, après, qui joue dans quelle cour.

– Il est jeune, ton père, dit Anna pour rompre le silence.

– Trente-sept ans, je dis comme je dirais *va te faire foutre*.

Elle ignore mon ton, opine de la tête l'air de dire *pas mal !* Et ça m'énerve qu'elle opine de la tête parce qu'alors quoi : mon frère ne lui suffit pas ?

– C'est mon père, d'accord ?

Elle sourit, me demande si je suis jaloux.

Silence.

En fait, j'ai envie de la frapper.

Je comprends pas à quoi elle joue, où elle veut en venir.

Franchement, je préfère quand elle tire la tronche.

Droit dans les yeux, je lui dis qu'elle peut se taper mon frère et pourquoi pas mon père si ça lui fait plaisir, si elle n'a vraiment rien d'autre à faire – ça ne me regarde pas. Mais que pour l'heure, sans vouloir la déranger, on est là pour bosser.

Ses yeux restent dans les miens, mais elle ne sourit plus.

Elle se sent insultée, je crois. Tant mieux.

Je m'éloigne, prends mon sac, sors mes bouquins.

Je vois bien qu'elle est choquée.

Moi aussi je le suis.

D'habitude, je ne parle pas comme ça.

D'habitude, je ne parle pas.

Mais là… qu'est-ce qui m'a pris ?

Je prends sur moi, respire…

Tout, en moi, est sous pression.

Mon cœur bat à deux mille pulsations par seconde et ma poitrine va exploser.

J'ai du sang plein la tête mais ne laisse rien paraître.

Aucune soupape.

J'ouvre un bouquin.

Elle me regarde, je le sens.

Est-ce que je suis rouge ?

Est-ce qu'elle voit ma colère, ma rage, tout ce que je ravale et mon envie de crier ?

Elle semble attendre quelque chose – que je la regarde, que je me calme, que je renoue le contact, que je parle, je ne sais pas.

Elle finit par aller s'asseoir dans un coin avec son livre.

Et puis ça passe.

À force de respirer et de ne pas la regarder, ça passe. Je me sens mieux.

Je m'assieds à côté d'elle. M'excuse.

Elle ne dit rien. Ne bouge pas.

Encore une fois je m'excuse, lui dis qu'il ne faut pas m'en vouloir, que la situation est un peu compliquée dans la famille en ce moment, que je n'ai pas l'habitude qu'on soit comme ça *entre hommes*, que ma mère me manque et qu'il faut que je m'habitue.

Je lui dis aussi que mon frère est con avec les filles et que je ne voudrais pas qu'il lui fasse de mal à elle, parce que je l'aime bien.

Que c'est pour ça que je suis énervé.

Et je n'en reviens pas de dire tout ça.

Ses yeux s'attendrissent. J'ai l'impression qu'elle me pardonne.

Elle passe une main sur ma joue et je respire, cool, parce que les choses vont pouvoir reprendre leur cours, elle ne sourira plus niaisement, continuera d'être cynique, ironique, on va pouvoir travailler. C'est ce que je me dis quand elle m'embrasse, sans que j'aie le temps de protester.

Elle m'embrasse goulûment, comme si elle voulait m'avaler. Comme si j'étais une glace qu'elle allait dévorer. J'ai l'impression que je disparais, que je fonds sous sa langue, qu'il ne restera bientôt plus rien de moi.

J'ai pas envie de disparaître. Pas envie d'être une glace. Pas envie d'être consommé. Pas là, pas comme ça… Je ne m'y attendais pas.

Je ne maîtrise rien. Je n'aime pas ça.

Je ne sais pas si j'aime son baiser, ni si j'en ai envie.

Sa langue est chaude dans ma bouche.

Sa main brûle sur ma joue et son corps se rapproche du mien, pétrifié.

Ma langue répond à la sienne par… politesse sans doute. Pour ne pas la vexer. Après ce que je lui ai dit, je lui dois bien ça. Sinon, elle risquerait de se vexer.

Mais mes yeux restent ouverts. Je suis confus.

Je voudrais qu'elle s'arrête et qu'elle se mette à rire en me disant qu'elle m'a bien eu. Tout se mélange dans ma tête : mon frère, la scène dans la cuisine tout à l'heure, mon père, sa mère, et même la mienne… Qu'est-ce que ma mère vient faire là-dedans ?

Je recule.

Comme par réflexe, j'ai reculé.

– Quoi ? elle demande, hébétée.

Je dis qu'on devrait se mettre au travail et je vois bien qu'elle ne me croit pas, qu'elle se moque de moi.

Elle s'approche pour m'embrasser encore.

Avant que ses lèvres touchent les miennes, je lui dis que je suis désolé, mais que je ne ressens rien pour elle, que je ne la désire pas et qu'on s'est mal compris.

Encore une fois, ses yeux arrêtent de sourire.

J'ajoute que si je veux la protéger de mon frère, ce n'est pas parce que je ressens quelque chose pour elle. Je n'éprouve rien pour elle. Je n'aime pas que mon frère tourne autour des filles de ma classe. C'est tout. Par principe. Ça me gonfle.

Elle est perplexe. J'insiste sur le fait que ça n'a rien à voir avec elle. J'essaie de rester gentil. Je ne veux plus la vexer.

Elle avale sa salive, réfléchit.

Et puis, comme si elle ne me croyait pas, elle se remet à caresser ma joue. Me dit que je ne dois pas m'inquiéter pour mon frère, qu'il n'est pas du tout son genre et que par contre, moi, depuis le jour où elle m'a vu à l'arrêt de bus…

Je ne suis pas mécontent d'apprendre qu'elle m'a bel et bien repéré à l'arrêt de bus, ce jour-là.

Tout près de mon visage, elle continue en chuchotant, si près que ça me met mal à l'aise. L'impression d'être dans un film mais de pas être le bon acteur. Comme si on m'avait poussé là sans me donner le texte, sans m'expliquer ce que je devais faire.

L'impression de regarder tout ça de loin, qu'Anna aussi joue un rôle.

Cette fille n'est pas ma pote qui râle et tire la tronche tout le temps !

La situation est ridicule et je voudrais que ça s'arrête.

Elle dit qu'elle n'a jamais fait l'amour mais qu'elle sait, depuis l'arrêt de bus, que je serais le premier. Et moi je me demande si elle a répété cette phrase devant son miroir, ou quoi ?

Maladroite, elle prend ma main, la pose sur son ventre et la fait descendre entre ses cuisses, là où il fait tellement chaud que mon sexe y fondrait.

Sûr que ce geste, elle l'a vu dans un film.

Sûr que tout ça ne lui vient pas naturellement.

Et d'ailleurs son regard me surveille, comme pour voir si ça fait son effet, si tout se passe bien comme dans son fantasme.

Mais entre mes cuisses à moi il ne se passe rien et c'est bien la preuve, quand même, qu'elle ne me plaît pas. Alors pourquoi est-ce qu'elle ne s'arrête pas ? J'ai été clair quand même !

Ma main est toujours entre ses cuisses. Je n'ose pas la retirer. Sûr que ce serait mal pris. Je laisse la bouche d'Anna embrasser la mienne encore une fois. Mais quand sa langue cherche la mienne… j'en ai marre, soudain. J'ai envie qu'elle se casse, qu'elle s'en aille et je suis très énervé qu'elle ne se rende pas compte à quel point on est ridicules, là. Pourquoi, mais pourquoi bordel de merde est-ce qu'on n'est pas restés dans la cuisine !?

Je la repousse et me lève.

Sans réfléchir : je l'ai poussée, me suis levé.

Je reste à distance, un bras tendu qui signifie *n'avance pas* et alors que ça bout de nouveau à l'intérieur de moi, je suis froid, placide à l'extérieur. Je dis que je suis désolé, que je ne voulais pas avoir à devenir méchant mais qu'elle ne me laisse pas le choix. Je dis qu'elle ne me plaît pas et que je ne comprends même pas comment elle a pu s'imaginer qu'elle pouvait me faire de l'effet parce que franchement, est-ce qu'elle s'est regardée, avec son corps de gamine et ses barrettes BCBG !? Et puis j'ajoute que maintenant, soit on se met à bosser, soit elle rentre chez elle.

Elle est rouge, mais pas de la même façon qu'elle l'était avec Guillaume.

Pas non plus du même rouge que moi.

Ses yeux aussi sont rouges. Et mouillés.

Derrière eux, elle retient tellement de larmes qu'on dirait qu'elles vont lui sortir de partout, jusque par les oreilles et le nez.

Je ne voulais pas ça. Je me sens mal. Ne sais plus comment me rattraper. N'arrive plus à m'excuser.

Les joues gonflées, elle ramasse ses affaires et sort sans me regarder, sans que j'arrive, moi, à articuler un mot de plus.

Le silence revient.

La solitude aussi.

Je suffoque.

Me rassieds sur mon lit et cale ma tête entre mes genoux pour ne pas qu'elle explose. Envie de crier et de m'arracher les cheveux.

Mais je suis incapable de bouger ou de sortir un son.

Mes pieds cloués au sol voudraient s'y enfoncer, que tout entier je disparaisse, écrasé par la honte, et la colère aussi.

Pourquoi, pourquoi, pourquoi est-ce que je suis dans cet état ?

Pourquoi, pourquoi est-ce que je suffoque ?

Pourquoi est-ce que je n'ai pas été capable de répondre à son envie ?

Je devrais être soulagé qu'elle soit partie.

Demain, elle ne m'adressera plus la parole.

Pourquoi est-ce que j'ai été incapable de lui faire plaisir ?

Pourquoi est-ce qu'il ne s'est rien passé dans mon pantalon ?

Pourquoi est-ce qu'elle ne m'a pas cru quand je lui ai dit que je n'avais pas envie d'elle ?

Pourquoi est-ce qu'elle a continué ?

Et pourquoi est-ce que maintenant, justement maintenant qu'elle est partie, j'ai envie de l'embrasser, et de la serrer dans mes bras, et de lui dire à quel point je suis désolé ?

Je me sens vide, nul, épuisé et tout petit.

Me recroqueville en boule sur mon lit.

Recommence à respirer.

Ça tourne un petit peu.

L'impression d'être une épave, échouée.

Je voudrais que maman soit là.

Je voudrais avoir 10 ans et qu'il ne se soit rien passé.

Quand j'ouvre les yeux, il fait noir. En bas, j'entends la télé.

Si maman était là, j'irais m'allonger à côté d'elle, elle me gratouillerait la tête, m'embrasserait sur le front et je m'endormirais dans son odeur.

J'entends papa rentrer, dire bonsoir à Guillaume.

L'impression qu'il est tard, qu'on est au milieu de la nuit.

Me demande où papa a bien pu rester si tard.

J'ai dû rêver la scène avec Anna : c'était il y a des siècles.

Des larmes se mettent à couler sur mes joues… mais pas à cause d'Anna, non, à cause de maman qui n'est pas là, à cause du fait que je me sente seul et que je sois fatigué.

Je me lève, me déshabille, mets mon pyjama. Mon téléphone affiche 3 h 14. Sur le fond d'écran, maman me sourit.

Je me demande où elle est en ce moment, ce qu'elle fait et si elle aussi se couche à trois heures du matin.

Non : si j'ai bien une certitude, c'est que maman ne se couche pas à trois heures du matin et que quand elle se couche, elle se couche seule parce que fatiguée par son boulot qui ne lui laisse ni le temps ni la tête pour autre chose.

Je voudrais que maman ait un téléphone portable pour lui envoyer un mot, lui dire qu'elle me manque et qu'elle fait chier.

Non : lui dire qu'elle me manque, mais que ça va aller.

Je hais les hommes.

Je hais papa et Guillaume.

Papa pour rentrer à trois heures du matin et pour ne pas avoir su faire en sorte que maman reste avec nous.

Guillaume pour ne pas faire attention à moi, pour ne pas respecter Anna et cette simple demande de ma part de ne pas toucher aux filles de mon âge.

Guillaume pour être plus âgé et avoir permis à maman de se dire que nous étions assez grands pour qu'elle s'en aille.

Et ce soir, moi aussi je me hais, pour avoir été incapable, impuissant, pour avoir été violent, méchant, et pour avoir perdu Anna.

Je me recouche et je ferme les yeux.

La main d'Anna est sur ma joue. Et ma joue devient chaude.

Mes lèvres se souviennent.

Je suis doux, aussi doux qu'elle tout à l'heure.

Je sais que j'aurais pu…

que j'aurais dû…

Je me souviens, sa langue dans ma bouche, ma main entre ses cuisses…

Son image se mélange avec celle de sa mère – que j'évacue – et celle des stars du porno que je regarde parfois.

Ce soir, avec la fatigue, ça ne me dérange pas. Je vais les satisfaire, toutes. Ça ne me fait pas peur. Et je sais comment faire.

Anna se déshabille, se couche contre moi…

Je me sens bien. Je me sens fort.

Bien sûr que j'en suis capable. Je vais dormir maintenant. Dormir en pensant à Anna, toute belle contre moi.

chapitre 11

Guillaume me regarde en coin.

Je fais comme si de rien n'était et plonge le nez dans mon bol de céréales.

Pas envie de lui parler.

Je pense à Anna. Me demande comment ça va se passer à l'école aujourd'hui. Je préférerais ne pas la voir et j'aimerais autant ne pas en parler avec Guillaume, pas besoin qu'il se moque de moi, ni qu'il me donne des conseils de grand frère avisé, merci.

Même si je regrette la façon dont je l'ai dit, je ne regrette pas ce que j'ai dit. Parce que c'est vrai que c'était ridicule hier et que je n'ai pas envie d'être avec Anna. Même si j'y ai pensé en m'endormant. C'était juste comme ça. Mais en vrai, j'ai juste envie qu'on soit potes, qu'on puisse s'asseoir sur notre banc entre les cours pour se moquer des autres et être blasés de la vie sans se sentir obligés de s'embrasser ou de se tenir la main.

Mais ça, Guillaume, pas possible qu'il le comprenne. Pour Guillaume, une fille c'est fait pour être croquée. Basta.

Maman aurait compris.

Avec maman, sûr que j'en aurais parlé.

Elle aurait trouvé une solution pour que tout rentre dans l'ordre, elle m'aurait dit quoi dire et comment…

Je sais que maman me dirait de m'excuser. Ne jamais avoir honte de s'excuser. Après, si l'autre n'accepte pas tes excuses, c'est son problème.

Il faut que je lui demande pardon.

Mais de quoi ? De l'avoir repoussée ou de la façon dont je l'ai fait ?

Ce qui est certain, c'est que je vais pas m'excuser dans la cour parce que si je prends un râteau, tout le monde sera au courant avant de rejoindre sa salle de classe.

Sûr que si je prends un râteau, je rentre à la maison faire la taupe et je remets plus jamais les pieds dans ce lycée.

Pourtant… Impossible de passer la journée sans m'excuser, sans dire un mot.

Sûr que si je laisse monter la tension, ce soir ce sera trop tard. Alors…

Accepter le risque du râteau ?

Et si je lui roulais une pelle…

Non. C'était juste pour le jeu de mots. Quoique… Ce serait gonflé mais… Je ne jette pas cette option-là à la poubelle.

Première option : j'arrive à l'école, je la repère dans la cour, m'approche, lui demande si je peux lui dire un mot. Là, soit elle m'envoie chier et alors sans me démonter je balance froidement un truc du genre : « Tant pis, je voulais m'excuser pour hier, voilà, c'est fait, fais-en ce que tu en veux. » Devant tout le monde, j'assume et je m'en vais, digne. La balle sera dans son camp, j'aurai plus à culpabiliser.

Deuxième option : elle fait la maligne mais me suit et je sens dans ses yeux qu'elle m'a déjà pardonné. Alors je lui roule une pelle hollywoodienne et je m'excuse, la laissant tellement sous le choc qu'elle ne trouvera rien à dire. Bémol à cette option : elle va penser que j'ai changé d'avis et qu'on sort ensemble… Après tout on s'entend bien, j'aime sa main sur ma joue et le goût de sa langue, pourquoi pas essayer ? Second bémol à cette option : si je sors avec la fille, je grille toutes mes chances avec la mère. Mais comme la mère n'a sûrement aucune vue sur moi, je ne grille pas grand-chose. Alors, ça se tente.

Troisième option : elle me suit dans la cour mais encore énervée et je m'excuse. Mais pas froidement, non. Je m'excuse sincèrement, platement, chaleureusement.

OK. Je me sens mieux. Prêt à y aller.

Je termine mon bol de céréales…

Je vais prendre le bus plus tôt.

Pas envie d'être dans le même qu'Anna et miss gros seins.

Juste envie de me caler sur un banc, attendre qu'elles arrivent et régler l'histoire.

Je ne suis pas loin de passer la porte quand Guillaume se décide à me parler.

– Je vous ai entendus hier soir.

Je m'arrête.

– Elle était dans un sale état quand elle est partie…

Je ne trouve rien à dire. Suis toujours en arrêt. Me retourne pour qu'il développe.

– Ben… J'suis désolé quoi ! Mais on a beau avoir deux chambres, les murs c'est du papier à cigarette !

Silence.

Je finis par demander :

– Alors t'as entendu, et quoi ?

– Ben ça m'a fait de la peine ! C'est vrai ! Elle est sympa cette fille ! Et puis pas mal !

– … ?

– Je l'ai raccompagnée.

Je bous.

– 'fin… Je l'ai invitée au PMU du coin pour qu'on en parle, qu'elle n'en fasse pas toute une montagne ! Non mais tu te rends compte de ce que tu lui as balancé ? Tu te rends compte du courage qu'elle a eu, elle ? Tu te rends compte de l'humiliation ?

Non mais de quoi il se mêle ? Il ne peut pas aller à la fac, comme tout le monde, au lieu de travailler par correspondance ? Une fac avec des gens, des filles, histoire qu'il laisse celles de ma classe tranquille quoi !

– Et alors ? je demande, pour avoir la fin de l'histoire et savoir à quoi m'en tenir quand je la verrai.

– Elle a fini par dédramatiser et on a rigolé.

Ah ! Oui ! Ça j'imagine qu'ils ont dû bien se marrer.

Sûr qu'ils ont *dédramatisé* en me faisant passer pour un petit puceau coincé.

Sûr que Guillaume lui a sorti son numéro de charme à deux balles genre *moi, je n'aurais pas laissé passer une telle occasion ! Moi, je t'aurais croquée toute crue* !

Connard.

Je le déteste.

Un jour, je le frapperai.

Je vais pour me casser mais Guillaume me rattrape :

– Ne jamais refuser une fille qui s'offre à toi. Jamais, jamais, jamais. À moins qu'elle ne te plaise vraiment pas. Mais là encore : diplomatie mon frère. Tu lui dis que t'es fatigué, que c'est pas le moment, que t'es amoureux de quelqu'un d'autre… Tu trouves un truc quoi ! *Primo*, parce que c'est pas des occasions qui se présentent tous les jours et… un peu de respect quoi ! Faut du courage pour se lancer. *Deuxio* parce que les gens parlent tellement et tellement vite qu'en moins de deux, tu te seras taillé une réputation de connard. Et une réputation, pour en changer frérot ! Tu peux carrément déménager.

Je me casse. J'en ai assez entendu.

Merci Guillaume. Comme d'hab, tu m'aides beaucoup. Merci.

Dans le bus, je réfléchis.

Bon alors je fais quoi ?

Sûr que s'ils se sont marrés sur mon dos hier, Anna va me prendre de haut.

Faut pas que je me dégonfle, pas que je parte en courant, ni que je tombe dans les pommes. Faut que je respire. Que je prenne des forces.

J'inspire un grand coup.

J'essaie la sophrologie : construire une image mentale pour me détendre.

Je suis au bord de la mer, ça sent l'iode. Le vent salé fouette mon visage. L'air est frais et vivifiant. Il remplit mes poumons, les agrandit.

Ça va mieux.

Tout porte à croire que c'est la première option qu'Anna suivra : qu'elle refusera de me suivre genre *j'ai plus rien à te dire*.

Alors, ne pas me démonter, m'excuser devant tout le monde, froidement, genre *adulte réfléchi et responsable*, être plus fort qu'elle, et m'en aller dignement.

Si après ça, elle continue à faire la tronche, tant pis.

Au moins, moi, je me serai excusé.

Con de Guillaume. Pas possible d'être aussi con. Non mais de quoi est-ce qu'il se mêle ? Faudra bien que je la lui casse, sa gueule, un jour. Qu'il comprenne, merde, que je ne veux pas de lui dans mes histoires. Mais chaque chose en son temps. D'abord, Anna. M'excuser. Soulager ce poids-là. Pour le reste…

Dans la cour, je ne la trouve pas. Miss gros seins est assise avec Allan. Allan fait le coq et miss gros seins papillonne à distance, genre *pas très convaincue*.

Décidément, ces deux-là ne savent pas ce qu'ils veulent.

Pauvre Allan.

Pas de trace d'Anna. Anna n'est pas là. Anna sèche les cours. Anna ne veut pas me voir. C'est pire que ce que je croyais.

Tout seul je m'assieds. Je me sens infiniment triste. Infiniment seul.

J'aurais préféré qu'elle m'insulte. Même devant tout le monde. Au moins, je m'étais préparé.

chapitre 12

Décidé à m'excuser, à parler, je ne sais pas… Je sonne chez Anna.

Mme Béron ouvre la porte. Son air inquiet de me voir là tout seul ne la rend pas moins belle.

– Je viens voir Anna.

– Elle n'est pas là.

Elle m'invite à entrer.

La contrariété creuse une charmante petite ride entre ses sourcils.

Je la suis jusque dans la cuisine. Elle se sert un café et me demande si j'en veux un.

– Avec plaisir, je dis.

Un pan de son chemisier est sorti de sa jupe. Une mèche de cheveux, tombée de son chignon.

Elle demande :

– Qu'est-ce qu'il s'est passé hier soir ?

– Hier soir ? je répète, anxieux de ce qu'Anna a pu lui raconter.

Pas possible qu'Anna ait raconté à sa mère que je l'ai rejetée, insultée, que je n'ai pas été capable…

– Ton frère…

Je respire.

– Je ne sais pas. Je crois qu'ils sont allés boire un café.

– Un café ?

– Pourquoi ? Elle est rentrée tard ?

– Pas spécialement. Il l'a raccompagnée.

Je comprends soudain de quoi Mme Béron a peur : elle a peur que mon frère croque sa fille. Ça me fait doucement rigoler. Vu comment elle a croqué son assistant. Et si elle savait à quel point sa fille sait être entreprenante… En tout cas, la petite ride pincée qu'elle a entre les sourcils prouve qu'elle s'inquiète vraiment.

– Du sucre ?

– S'il vous plaît.

– Pardon.

Elle me passe devant pour attraper la boîte en fer avec le sucre.

Ça sent bon dans son chemisier.

Son soutien-gorge est blanc.

Elle me demande de m'asseoir en face d'elle.

– Je pensais qu'Anna était chez toi ce soir, que vous étiez en train de travailler.

Oups, je pense : *Je dois couvrir Anna.*

Je me lève d'un bond et dis que oui, bien sûr, j'ai dû confondre ! Je croyais qu'on avait dit chez elle alors je suis venu directement, mais elle est sûrement chez moi à m'attendre ! Quel idiot !

– Elle n'était pas en classe aujourd'hui ? Si elle avait été en classe, vous seriez venus ensemble, non ?

– J'ai été retenu par la prof et j'ai raté le bus. J'ai pris celui d'après...

Elle n'a pas l'air très convaincue.

Elle est beaucoup plus perspicace que mon père, ou que ma mère.

Elle est avocate. L'inquisition, c'est son domaine.

– Elle n'était pas en classe aujourd'hui, c'est un fait : le lycée a appelé.

Elle n'est pas perspicace, mais informée.

Elle m'a tendu un piège, pour voir. Mais pour voir quoi ? Si je couvrais sa fille ?

– Pourquoi tu viens la voir, là ?

– Je pensais qu'elle était malade.

– Hum. Il a quel âge, ton frère ?

– Dix-neuf ans. Vous pensez qu'elle a passé la journée avec lui ?

– ... C'est drôle : je pensais que c'est toi qui lui plaisais.

– À Anna ? Ah, bon !?

J'en reviens pas qu'elle me parle de sa fille comme ça...

– Moi en tout cas, à sa place... À côté de ton frère, il n'y aurait pas photo.

Je manque d'avaler mon café de travers.

J'en reviens pas, qu'elle me dise un truc comme ça !

– Vous savez, il est très bien mon frère.

J'en reviens pas, que je dise un truc comme ça !

Elle sourit.

– Et toi ? T'es pas bien, toi ?

Je souris.

– Toi, t'es mieux. Ça se voit tout de suite quand même !

Elle se penche par-dessus la table pour poser sa main sur la mienne.

– Elle te plaît pas, ma fille ?

– … Si ! Mais…

– Mais quoi ?

J'ai envie de lui avouer qu'elle me plaît davantage, elle ; mais j'ose pas.

– On travaille ensemble !

Et là, je me souviens d'elle et de son collaborateur, me rends compte que ce que je viens de dire est ridicule parce que travailler ensemble n'empêche rien.

Peut-être que c'est pour ça qu'Anna a tenu à faire cet exposé avec moi !?

Mme Béron lâche ma main et soupire. Elle regarde de nouveau son café. Je comprends bien qu'elle préférerait que ce soit moi qui sorte avec sa fille parce que je suis plus jeune et qu'avec moi, sa fille ne perdrait peut-être pas tout de suite sa virginité. Mais peut-être qu'elle s'en fout, Mme Béron, de la virginité de sa fille, et qu'elle préférerait seulement que sa fille soit avec quelqu'un de bien. Parce que c'est vrai : entre mon frère et moi, le quelqu'un de bien, en matière de filles, c'est plutôt moi.

Je me lève pour signifier que je dois rentrer.

Elle me raccompagne jusqu'à la porte.

D'une voix que j'espère rassurante, je dis qu'Anna ne devrait plus tarder.

Elle relève la tête et me sourit comme à un gamin, en me passant la main dans les cheveux genre *t'es mignon*. Et puis elle me prend dans ses bras et me serre… comme si j'avais 8 ans.

Elle ne doit pas savoir, cette femme, qu'à nos âges ça ne se fait plus – à moins d'être son fils ou sa fille. Que les attouchements évoluent avec l'âge et que ce genre de gestes ne nous est plus possible, soit parce qu'ils sont infantilisants – comme dirait ma mère –, soit parce qu'ils appellent autre chose – comme dirait mon frère.

Mais là… je ferme ma gueule et en profite : je sens ses seins, pressés sur ma poitrine. Sûr que j'y penserai ce soir, en m'endormant.

Mme Béron m'ouvre la porte et me demande de l'appeler si Anna est chez moi, qu'elle arrête de s'inquiéter.

Je promets de le faire.

Elle ne me fait pas la bise, mais une seule grosse bise sur la joue.

La porte se referme.

Je rentre à la maison.

Personne.
Tous les verrous fermés à double tour.
Les lumières, éteintes.
La télé aussi.
Pas un bruit.
Première fois que je suis dans la maison vide.
Première fois que j'y suis seul.
J'aime bien.
Je me rends compte que je me sens chez moi, ici.

Je referme la porte, allume la lumière, pose mon sac, ouvre le réfrigérateur… Quelqu'un a acheté de la bière *t'avais qu'à pas partir*. J'en prends une et monte dans ma chambre.

Je sors mes cahiers, mes stylos, mes bouquins : j'ai une tonne de devoirs à faire.

Dehors, j'entends les rires de Guillaume et d'Anna.

De la fenêtre, je les vois : ils sont là, devant le portail, à s'embrasser sur la bouche. Anna fait mine de vouloir partir mais il la retient et elle reste, l'embrasse encore… encore… avant de s'en aller.

chapitre 13

– Allô ?
– Maman !!!
– Comment tu vas mon cœur ?
– Ça va. Et toi ?
– Ça va. Comment ça se passe à l'école ?
– Bien !
– Votre exposé avec Anna, il avance ?
– Ça va.
– C'est tout ?
– Ben… On a beaucoup d'autres devoirs.
– Ah ! Mais avec Anna, ça va ?

J'entends Anna se marrer dans la chambre de Guillaume.

– Ça va. T'es où, là ?
– Vers Madagascar.
– Hum.
– …

– …

– Et ton frère, il est par là ?

– Il est en haut, je vais te le chercher.

– Vite hein ! J'ai pas beaucoup…

– … de temps, je sais.

Je lâche le téléphone et monte en courant, je frappe…

– Qu'est-ce qu'il y a ?

À travers la porte, je lui dis que maman est au téléphone.

En courant il sort torse nu, dévale l'escalier.

Je reste sur le pas de sa porte ouverte. Anna me regarde. Ses yeux sont brillants et ses joues rouges d'avoir trop ri. Son soutien-gorge est par terre, avec son pantalon. Elle est en culotte et porte le tee-shirt de Guillaume. Ses cheveux sont en vrac. Son visage est illuminé, et elle est très jolie.

Elle sourit encore, mais je ne crois pas qu'elle me sourit à moi. D'ailleurs, elle arrête de sourire.

– Quoi ? elle finit par me demander.

– Rien, je dis.

Je ne bouge pas.

Elle non plus.

On se regarde.

Je suis chez moi. Elle, pas.

Si ça ne lui plaît pas que je la regarde, elle n'a qu'à s'en aller.

Elle se lève du fauteuil de bureau de mon frère et s'avance vers moi, m'adresse un très large sourire et me referme la porte au nez.

Je retourne au salon faire mes devoirs : impossible de travailler dans ma chambre quand ils sont à côté à glousser.

Dans l'entrée, Guillaume est en grande conversation avec maman sur notre nouvelle vie entre hommes et je me demande pourquoi moi, je ne trouve jamais, jamais quoi dire, pourquoi est-ce que c'est toujours aussi compliqué pour moi de raconter, de parler avec maman ou avec qui que ce soit d'autre ?

Je quitte la maison en claquant la porte.

Besoin de marcher.

chapitre 14

Au bout de trois jours, Anna débarque comme une fleur en cours de littérature à 8 h 45, son carnet de correspondance ouvert et s'excusant pour son retard matinal dû à celui de la conseillère d'éducation chargée de signer son retour en classe.

Anna a eu beau déserter le lycée pendant trois jours, je suis bien placé pour savoir qu'elle n'était pas malade, alitée chez elle avec quarante de fièvre. Anna a passé la quasi-totalité de ces trois derniers jours et nuits chez moi – sans pour autant qu'on s'y croise. Le matin, quand je partais, Guillaume et elle étaient encore couchés. Le soir, ils ne rentraient que vers deux heures du matin, après la fermeture des bars. Allongé dans mon lit, je les attendais, rongé par la curiosité de savoir si elle serait encore là.

Je ne sais pas ce qu'en pense Mme Béron, mais elle doit bien être au courant quand même ! Et même être d'accord !

Je me suis fait à l'idée qu'elle soit avec Guillaume. Et même : je préfère.

Je me dis que quitte à ce qu'elle me fasse la gueule, autant qu'elle sorte avec mon frère, qu'elle reste dans les parages.

Je ne sais pas pourquoi je souhaite qu'elle y reste puisque je ne veux pas être avec elle.

J'ai eu jusque-là un plaisir sadique à la fréquenter pour la repousser.

J'ai maintenant un plaisir masochiste à l'écouter faire l'amour avec mon frère.

Tous les soirs, c'est comme si je l'entendais me dire *tu vois ce que tu perds ?*

Mais je ne perds rien, Anna, puisque je suis là, juste à côté de toi. Et que le jour où il en aura marre de toi, où il te plaquera, c'est dans ma chambre que tu viendras pleurer.

En classe, Anna s'assied à côté de Jen, miss gros seins, sans me dire bonjour ni me regarder.

J'en attendais pas davantage.

Venge-toi tant que tu veux. De toute façon, tu fais partie de la famille maintenant. Et en famille, on peut se faire la gueule, s'ignorer, on fait quand même partie de la famille. Ce soir, on se retrouvera à la maison.

Anna a beau ne pas me regarder, je la regarde, moi.

Pas de façon provocante comme à l'arrêt de bus, le premier jour, non. Juste parce que… *waouh*… j'en reviens pas comme elle est belle, là. Comme elle rayonne. Comme elle ressemble à sa mère. Elle a relevé ses cheveux, porte une jupe ample, colorée, des baskets blanches et un chemisier blanc aussi…

Je ne suis pas le seul à observer la transformation. Toute la classe la regarde.

Et c'est peut-être ridicule, mais j'en éprouve une étrange fierté.

Quel que soit l'état de notre relation, nous savons l'un et l'autre – en tout cas je le sais – que le premier jour de ma nouvelle vie, à l'arrêt de bus, nous nous sommes reconnus. Elle et moi. On partage le même silence.

Alors elle peut bien faire ce qu'elle veut.

N'empêche qu'Anna, c'est avec moi qu'elle est.

Et je sais bien qu'il est trop tard pour m'excuser maintenant, qu'elle me rirait au nez. Peut-être qu'un jour, un moment opportun se présentera.

Pour l'instant, je pense qu'il vaut mieux que je me taise et que je la laisse se venger. Si ça lui fait du bien…

Je n'ose pas penser à notre exposé sur Oscar Wilde.

De mon côté, j'avance et j'espère qu'elle fait pareil du sien. Que d'ici quelques semaines, on pourra s'y remettre et avoir une chance de pas se planter à la fin de l'année.

Comme dirait ma mère : c'est con de vivre sa vie pour ou contre quelqu'un d'autre.

Assis derrière Anna, je regarde sa nuque.

Dès que la prof a le dos tourné, Anna parle avec Jen et toutes les deux, elles pouffent. Je me demande si elles parlent de moi ou de mon frère…

Des deux sans doute…

Mais je m'en fous.

Je regarde les mèches de ses cheveux tomber de sa queue-de-cheval, glisser contre son cou.

Je la regarde mordiller son crayon, faisant mine d'être attentive…

Je ne sais pas pourquoi je me sens heureux.

Si, je sais : je suis heureux qu'elle soit revenue.

Ici, c'est notre territoire. Guillaume n'y est pas.

chapitre 15

Comme d'habitude, Guillaume passe la prendre à la sortie du lycée. Je les regarde partir sans aigreur ni sourire… Je regrette seulement qu'elle ne me dise pas *au revoir* ou *à plus tard*, qu'aucun des deux ne me fasse signe de la main…

On pourrait rentrer tous les trois.

Pas que ça me surprenne de mon frère mais Anna, elle commence à me manquer.

J'en ai assez de sa vengeance. J'aimerais qu'on recommence à se dire bonjour, au moins.

Je les regarde partir, sans savoir où ils vont…

Ils m'ignorent et ne prennent pas le bus.

Bras dessus, bras dessous, ils s'en vont comme un vrai petit couple à la con.

À l'arrêt de bus je retrouve Jen.

De but en blanc, elle me demande pourquoi Anna ne me plaît pas.

Je dis que c'est pas ça…

– C'est quoi alors ?

Je réponds que ça ne la regarde pas. Chacun ses affaires. Alors, elle me demande ce que je pense d'elle. Ça me surprend parce que j'y ai jamais réfléchi.

Je ne pense rien, d'elle – sauf qu'elle a des gros seins mais ça, je ne peux pas lui dire, ce serait mal interprété. Je dis :

– Rien ! Je pense rien de toi. Je n'ai pas d'opinion.

Je sens bien qu'elle est vexée. Mais comme je ne pense vraiment rien d'elle – sauf qu'elle a des gros seins – ça ne me fait rien qu'elle soit vexée ou triste. Je m'en fous. C'est son problème.

Quand on pose une question comme ça, on doit être prêt à entendre toutes les réponses possibles.

En l'occurrence, là, la réponse qu'elle espérait n'est pas mon problème. Mon problème, c'était juste de répondre.

Et je sais bien qu'en posant ce genre de question, personne n'aime entendre dire *rien* – je ne suis pas bête.

Mais je ne sais pas faire ça, moi. Je ne suis pas mon frère.

Moi, je trouve que celui qui pose ce genre de question piège l'autre.

Alors, c'était bien de répondre *rien*.

Tant pis pour elle.

Dans le bus, elle s'assied quand même à côté de moi.

Elle ne sourit pas.

J'ai envie de lui dire que ne rien penser d'elle ne veut pas dire que je ne l'apprécie pas. Seulement que je n'ai pas encore d'opinion. Et qu'il n'en tient qu'à elle que je m'en fasse une.

Mais les mots ne viennent pas.

J'attends qu'elle dise quelque chose.

Je la guette du coin de l'œil et du coup j'ai bel et bien une première opinion : elle est plus jolie quand elle ne sourit pas. Cette moue boudeuse lui va bien.

Après quelques minutes de silence, un sourire victorieux transperce son visage.

– Est-ce que t'aimes les mecs ?

Je ne suis pas vexé. Sa question me fait rire.

Je suis content qu'elle ait retrouvé son sourire, sa spontanéité… Puis ça fait longtemps que je ne me suis pas marré. Elle poursuit sa réflexion par :

– T'es un puceau coincé alors, c'est ça ?

Après la stupéfaction, j'éclate de nouveau de rire.

– Ça doit être ça, je dis, comme une provocation, ou comme si j'en avais rien à foutre.

Quelque chose en moi se détend.

À côté de moi, elle sourit, visiblement satisfaite de me faire rire.

– C'est pas grave tu sais ! On est tous passés par là !

Je lui dis que je ne pense pas être si coincé que ça, quand même ! Elle répond, ironique :

– Bien sûr ! C'est pour ça que tu t'es senti aussi menacé quand Anna t'a embrassé ! Pas du tout parce que t'es complètement coincé et paralysé ! Juste parce qu'elle ne te plaît pas.

Touché. Son culot me fait rire. Il semblerait que venant d'elle, rien ne puisse me vexer. Au contraire. L'impression que son humour, loin d'être méchant ou mal intentionné, est tendre et taquin. J'aime bien. Je me sens bien.

Elle propose d'aller chez elle et je ne sais pas pourquoi je réponds *oui.*

Sans raison particulière mais grâce à mille petites choses comme le beau temps, savoir que personne ne m'attend à la maison, l'humour et le sourire de Jen, je me sens libre. Pas envie de rentrer, de voir la tête déprimée de mon père ou celle *de l'étudiant trop cool, trop con, trop peace* de mon frère avec Anna qui me claque la porte au nez… Juste envie de faire un truc fou. De me laisser porter.

Jen précise que sa mère est infirmière et que cette semaine, elle travaille de nuit, qu'elle sera donc déjà partie quand on arrivera.

– Personne chez toi ?

– Personne chez moi.

Bizarrement, je ne flippe pas.

On ne dit plus rien : on attend d'arriver chez elle.

Je n'ai pas l'impression d'être nerveux ou impatient.

On verra bien ce qu'on fera, là-bas.

Dans le décolleté de Jen, ses seins se sont mis à pointer.

Elle est gênée, ça se voit. Elle baisse la tête.

Je pose ma tête, là, sur son décolleté, tout doucement, dans le bus.

Elle se raidit, elle est surprise – on le serait à moins.

Moi aussi je le suis, à vrai dire, d'avoir osé faire un truc pareil.

Je sais pas ce qui m'a pris…

Je n'ai pas réfléchi.

Je me sens bien.

Elle croise ses bras autour de mon cou, autour de sa poitrine, comme pour soutenir ma tête, pour ne pas qu'elle tombe…

C'est doux, tout doux, et mou…

Je ne bouge plus, attends de voir si elle me laisse, ou me chasse.

Elle ne dit rien. Ne me chasse pas.

Je passe une main derrière son dos, entre le siège du bus et elle.

L'autre autour de son ventre, pour l'enlacer.

Je me détends.

Elle se détend.

Je sens que sa respiration reprend et que son cœur se calme.

Je ne veux pas l'effrayer.

Je ne sais pas ce que je veux.

De toute façon, un bus scolaire n'est vraiment propice à rien.

Je sais que tout le monde nous regarde. Mais je m'en fous.

Ils nous regardent et ça ne doit pas aider Jen à se sentir à l'aise. Mais contrairement à elle, moi je ne les connais pas, ils ne sont pas mes amis. Sûr que je n'aurais jamais fait ça dans le bus de mon ancien lycée.

Sûr que je n'aurais jamais fait ça non plus si Anna était là.

Mais puisqu'elle n'y est pas… Rien à faire.

En tant que nouveau, je peux faire ce qui me plaît parce que personne ne pense rien de moi. Je n'ai aucun compte à rendre.

La tête toujours posée sur cette poitrine plus confortable qu'un oreiller, à écouter le cœur de Jen battre la chamade, je me dis que finalement, cette histoire de déménagement et de changement d'école en cours d'année n'était peut-être pas une si mauvaise idée. Que c'est peut-être même la meilleure chose qui me soit arrivée, depuis le départ de ma mère.

Le fait que personne ne me connaisse et qu'à la maison chacun fasse sa vie, ça m'aide à me sentir plus libre.

Et comme en ce moment je fais des choses que je n'aurais jamais faites dans mon ancien lycée, j'aime autant ne pas avoir mille potes ou ma mère pour venir me parler, essayer de comprendre et me donner leur avis.

Ici, on ne me connaît pas alors personne ne s'étonne de mon changement de comportement. Les gens pensent simplement que je suis un peu bizarre. Et s'ils chuchotent sur mon passage, ils ne viennent pas pour autant m'emmerder avec leurs questions ou leurs leçons de morale. Et franchement, si quelqu'un venait me dire sa façon de penser, je crois que je l'enverrais se faire foutre. Comme Allan, par exemple. J'ai appris, avec Allan – merci Allan – à envoyer les gens se faire foutre. Avant Allan, je n'avais jamais envoyé chier personne. Depuis, il y a eu pire : il y a eu Anna. Je ne suis pas fier de ça. Je n'aime pas y penser.

Comme papa est un peu déprimé, que Guillaume est con et que maman n'est plus là, je reste la seule personne à me connaître suffisamment pour constater mon changement de comportement.

La première explication logique serait bien sûr que maman est partie. Qu'en manque de repères, je fais un peu n'importe quoi.

La seconde explication pourrait être que je vais avoir 16 ans, que je deviens un homme, et que me retrouver dans un environnement nouveau m'aide à me libérer un peu de mes carcans, et à explorer les choses différemment.

Depuis que j'arrive à me laisser aller, je me sens bien et ni mon ancienne école, ni mes amis, ni même maman – sauf parfois – ne me manquent vraiment.

Si maman débarquait aujourd'hui, il faudrait qu'elle prenne les choses en cours de route et telles qu'elles sont. Revenir en arrière avec toutes ses petites règles, ça ne serait pas possible. J'en ai conscience.

Maman me manque. Là n'est pas le sujet. C'est juste qu'avec son départ, une page s'est tournée. Une page sur laquelle on ne reviendra pas. Et en fait, j'aime bien ce qui s'écrit ici, même si c'est sans maman. Parce que cette page-là, pour la première fois, j'ai la sensation que c'est moi qui l'écris.

Quand on arrive à la station où on doit descendre, je me suis assoupi. Jen pose une de ses mains sur mon épaule et l'autre sur ma tête. Du bout des lèvres, d'un baiser qui dure quelques secondes merveilleuses, elle embrasse ma tête pour me réveiller. Tout simplement. Je resserre un peu mon étreinte pour la remercier.

Comment font les filles pour être aussi douces et trouver les mots justes ? Comment ça se fait qu'elles aient toutes quelque chose de ma mère : je me souviens du pied de Mme Béron sortant de sa chaussure et se posant sur son mollet ; des mots d'Anna dans ma chambre, de sa main sur ma joue, si tendre, si sincèrement tendre ; et puis là, ce baiser de Jen sur ma tête…

Je m'en sens incapable, moi, de cette générosité-là, tendre et gratuite.

Moi, *a priori*, je suis maladroit et empoté. Mes gestes se font souvent de travers et quand je suis généreux ou affectueux, c'est que je suis intéressé ou excité. Et dans ce cas, je m'abstiens du moindre geste parce que mon sexe dur me fait me sentir con.

Les femmes, c'est comme si elles faisaient parfois des choses justes parce qu'elles perçoivent que c'est ce dont on a besoin. Moi, si je sens que quelqu'un a besoin de moi ou attend quelque chose de moi, je panique et je deviens méchant. Comme avec Anna. Ou alors, je fuis.

Guillaume, lui, il sait sentir ce dont les autres ont besoin. C'est peut-être pas qu'une question de fille ou de garçon alors. Je me pose la question.

Chez Jen, il n'y a personne, effectivement.

Un peu gênée maintenant, elle me demande si je veux boire quelque chose.

Parce qu'elle est gênée, je commence à l'être aussi. À tout hasard, je tente :

– Une bière ?

À la tête qu'elle fait, je comprends que cette maison n'est pas régie par les mêmes non-règles que celle d'Anna. J'ajoute :

– Ou un coca ?

Et elle sourit : ça a l'air de mieux lui convenir.

Elle sort deux cocas du réfrigérateur, les décapsule et m'en tend un.

Elle dit :

– Viens.

Et je la suis.

Jen a, sans jeu de mots vulgaire, un balcon immense. Dans sa chambre, une porte vitrée et de l'autre côté, un balcon juste pour elle.

– C'est moi qui l'ai aménagé.

Au sol, de la pelouse synthétique toute douce. Des transats et dans des pots, deux citronniers entre lesquels un hamac est tendu. Une table de jardin et dessus, des magazines et des bouquins. Je regarde : pas un seul livre de cours, pas un seul roman de notre programme de français, que des trucs que je ne connais pas.

– J'adore la littérature contemporaine. Avec les morts, j'ai plus du mal. C'est comme s'ils me parlaient d'un monde qui n'est pas le mien ! Ça te fait pas ça, toi ? T'aimes lire ?

– Oui. Mais le contemporain, je connais pas très bien. Tu m'en prêteras ?

– Les classiques, faudrait les classer en *fantastique* !

J'acquiesce. Elle me fait rire. Moi qui la prenais pour une fille un peu tarte… Je me suis peut-être trompé sur elle. Peut-être qu'elle ne s'intéresse pas aux mêmes choses qu'Anna et moi et que du coup, je suis passé à côté.

Mais qu'est-ce qu'on partage comme centres d'intérêt en fait, Anna et moi ?

Anna s'intéresse à tout ce que n'aime pas sa mère, pour le principe, pour la faire chier – alors ça ne compte pas. Moi, ces derniers temps, je ne me préoccupe que de moi-même. Depuis le départ de ma mère, je suis en introspection narcissique – c'est chiant.

Sinon, on est plus ou moins curieux tous les deux de ce qui est dans le programme, bulletin trimestriel oblige ! Mais est-ce que ça compte, finalement ?

Pas vraiment.

Jen, elle, a de vrais centres d'intérêt en dehors de l'école ou de ses parents et ça, c'est cool.

Je la rejoins dans le hamac. Je m'assieds à côté d'elle.

Elle m'embrasse.

Pourtant, c'est pas pour ça que je l'ai rejointe dans le hamac ! J'avais envie de discuter. Mais je laisse faire. Parce que c'est pas désagréable. Et parce que ça réveille mon envie. Contrairement à avec Anna, je suis capable de prendre ce que Jen initie sans avoir peur cette fois. Peur de quoi ? De quoi est-ce que j'ai eu peur, avec Anna ? Je ne sais pas. Je profite sans me poser plus de questions.

Comme Anna, Jen se cambre en m'embrassant.

Je sens ses deux seins durs comme des pommes se coller contre moi.

Mon sexe aussi est dur et ça me gêne.

J'arrête de l'embrasser. Je m'excuse.

Elle comprend ce qui se passe.

Doucement, elle enlève son chemisier, son soutien-gorge, prend ma main, la pose sur son sein. Je soulève ses seins, les pèse, les masse, les embrasse… Ça fait sourire Jen. Moi aussi, je souris. Je me sens bien.

– Tu les aime bien ?

Je ne peux pas répondre à cette question. Mais je crois qu'elle lit la réponse dans mes yeux ébahis. Comment ne pas les aimer ? Chacun est aussi gros qu'une petite tête. Ni mes mains ni ma bouche ne suffisent à les contenir. C'est tellement émouvant.

Jen s'allonge dans le hamac. Ses seins tombent un peu de chaque côté de sa poitrine. Je me penche pour les embrasser encore. Surtout les bouts : on dirait des bonbons. J'ai envie de les mordre un petit peu. Je les mords un petit peu. Jen gémit. C'est moi qui ai fait ça ? La faire gémir comme ça ?

Je l'embrasse sur la bouche. Ma langue s'emmêle dans la sienne et mes mains se promènent sur sa poitrine tandis que les siennes ouvrent mon jean… J'arrête de l'embrasser. Je n'ai jamais fait ça. Et si je ne sais pas faire ça ? Si j'éjacule trop vite ? Personne n'a jamais vu mon sexe. Personne ne l'a jamais touché – autre que moi. Et s'il est trop petit ? Pas comme il faut ? Tordu ? Trop grand ? Si je lui fais mal ? Si elle ne sent rien ? Si elle se moque de moi ?

Jen me regarde dans les yeux. Elle me sourit.

OK : je vais la laisser faire.

Il va bien falloir que ça se fasse, un jour. Quinze ans, c'est un peu jeune peut-être… mais c'est moins une question d'âge que d'opportunité. J'ai envie, là. Et je lui fais confiance, à Jen. Elle sait s'y prendre, elle. Elle est douce, et calme. Faut pas que je m'emballe, c'est tout. Faut que je reste calme pour pouvoir profiter. Faut que je respire.

Jen passe sa main dans mon caleçon et c'est si bon, tellement bon qu'il faut que je recule. Si elle me touche là, maintenant, je vais venir trop vite et je veux pas. Ça semble l'amuser que ce soit si difficile, pour moi, de me retenir. Mais elle ne se moque pas. Elle sourit, c'est tout, avec son regard doux. On dirait qu'elle est fière. Flattée de me faire cet effet-là. Ça m'encourage.

Elle enlève son pantalon. Elle est nue à côté de moi. Elle écarte un peu les jambes… C'est comment, un sexe de fille, en vrai ?

Du bout des doigts, je touche.

C'est humide. C'est chaud.

Jen appuie sur mes doigts pour les faire entrer en elle et elle gémit, encore.

Je cherche, doucement, comment ça marche. Ce qui la fait gémir, ce qui la crispe. Je l'embrasse. Elle est belle. Tellement belle.

Elle se retourne sur moi et tire sur mon jean. Je me lève pour l'enlever. J'ai peur, mais je suis prêt.

Je suis tout nu aussi.

Je ne suis pas gêné par notre nudité.

– J'ai pas de capote, elle dit.

Moi non plus.

Merde : c'est vrai qu'il faut mettre une capote.

– Mais tu peux te branler si tu veux.

Merde. Je sais plus si je dois m'allonger à côté d'elle ou rester là, debout, à la regarder. J'arrive pas à me toucher. Devant elle, ça me gêne. Mais elle, elle glisse une de ses mains entre ses cuisses et commence à se caresser. Alors je fais pareil. Y a pas de raison. On se regarde. Je me rapproche d'elle pour toucher ses seins. Et au moment où elle est prise de convulsions, je jouis aussi et je la trouve belle, super belle toute convulsée comme ça. Je tombe à genoux, pose ma tête sur son ventre. Elle me caresse les cheveux. Je me sens bien. On reste un moment, jusqu'à avoir froid.

Elle tourne alors sa tête vers moi, se redresse, m'embrasse en me disant de ne pas bouger et disparaît. Elle revient avec un rouleau de papier toilette.

Je lui demande si elle a déjà fait ça, avant.

Elle me demande si c'est important.

Je ne sais pas si c'est important mais j'ai envie de savoir.

Je lui demande si elle a déjà fait l'amour et elle dit qu'elle a un petit ami mais qu'elle ne le voit que pendant les vacances. Elle ajoute qu'elle ne fait l'amour qu'avec lui. Pour le reste, ils ont un accord. Je baisse la tête : au moins, c'est clair.

Pour pas que je sois triste, elle m'embrasse sur la bouche longuement.

De retour à la maison, Anna n'est pas là. Papa non plus. Je demande à Guillaume où est Anna et si tout va bien. Il me dit que sa mère est passée la prendre, qu'elle en avait marre que sa fille soit toujours fourrée ici.

– Merde. Elle a pas dû être très cool !

– Oh ! Papa a pris sa voix de *père responsable*, il l'a calmée, l'a invitée à boire un verre, lui a dit qu'il n'y avait pas de problème, qu'il fallait bien que jeunesse se fasse, qu'on ne faisait rien de mal, blabla, le discours classique du père respectable quoi !

– Et ça l'a calmée ?

– Faut croire.

– Ils sont partis tous les trois ?

– Papa les raccompagne. Il ne voulait pas qu'elles rentrent seules, la nuit.

– Hum.

chapitre 16

Encore, elles pouffent.

Mais cette fois, c'est Jen qui raconte et pas de doute, c'est bien de moi qu'elles parlent. Anna est tendue. Elle rit mais les regards qu'elle me lance ne cachent rien de sa rancœur. Je suppose que la vengeance va continuer.

Anna, si tu savais… Tout ça n'est tellement pas contre toi. Ça s'est présenté à moi et je l'ai laissée faire justement parce que ça ne voulait rien dire.

Avec toi j'ai paniqué. Je le regrette. J'étais pas prêt.

Et je m'en fous que tu sois avec mon frère.

Mais si on pouvait recommencer à se dire bonjour, à prendre le bus ensemble, à s'envoyer des vannes, je sais pas moi ! Couche avec qui tu veux mais laisse-nous être potes, laisse-nous reprendre nos lectures sur Oscar Wilde, côte à côte dans le silence…

Fin du cours, Anna se poste devant moi et balance un :

– Peut-être que je devrais donner mes notes sur Wilde à Jen ? Tu pourrais finir l'exposé avec elle !?

– Et toi ?

– Je pourrais récupérer celles de Jen et travailler avec Allan ?

– … C'est ce que tu veux ou tu me demandes ce que je veux, moi ?

– C'est une proposition.

– Alors non, merci. J'aime mieux pas.

– … Non ?

– Non.

– Et si moi je préfère bosser avec Allan ?

– Alors ne me pose pas la question et échange tes notes avec Jen.

– Tu n'as pas envie d'être en binôme avec Jen ?

– Je préfère bosser avec toi.

– Ouais, bosser, ça tu préfères le faire avec moi.

– …

– …

– Je suis désolé.

– De quoi ?

– De t'avoir blessée, chez moi. Je ne voulais pas.

– Pff.

– J'étais… paniqué.

– Faut croire que tu ne l'es plus.

– Parce que c'est pas pareil.

– Qu'est-ce qui n'est pas pareil ?

– Ça ne compte pas, je dis. Jen, elle ne compte pas comme toi.

Anna baisse la tête. Ça me fait plaisir. Elle comprend ce que je veux dire.

Silence.

Aucun de nous deux ne bouge.

Chacun semble attendre quelque chose de l'autre, mais rien ne vient.

Anna fixe ses chaussures, le sol, tout autour d'elle…

Moi je la regarde elle, un peu, pas trop, pas vraiment franchement mais quand même, je la regarde et finis par demander :

– Alors ? Qu'est-ce qu'on fait pour l'exposé ?

– On continue, elle dit. Et elle s'en va.

Derrière elle apparaît Jen, sourire jusqu'aux oreilles. Je dis :

– T'avais besoin de raconter, hein ?

– C'est pour toi que je l'ai fait.

– Super. Merci. Comme ça, elle va l'épouser !

– Qui ça ?

– Mon frère. Pour se venger.

– Au contraire…

– …

– Et puis merde quoi ! J'ai fait passer ta réputation de *puceau coincé* à *super bon coup*. Tu pourrais me remercier !

Je ne savais pas que j'avais une réputation.

– On l'a même pas fait, je dis.

– Pff… C'est tout comme.

OK. J'accepte.

Je dépose un baiser sur sa bouche mais rapide, pour pas être surpris dans le couloir par un prof.

Anna s'éloigne avec Guillaume.

Jen monte dans le bus et je la suis. Elle voit que je les regarde.

On s'assied. Je ne dis rien. Elle demande si je suis triste. Je hausse les épaules. Je ne sais pas si je suis triste. Mais ça y est, merde, je me suis excusé quoi ! Est-ce qu'elle va quand même rester avec Guillaume ?

Elle a couru vers lui les bras ouverts…

– T'es jaloux ?

– De mon frère ? Ça va pas !?

– T'es amoureux ?

– C'est pas ça.

– C'est quoi alors ?

Je ne réponds pas, ça ne la regarde pas et puis de toute façon je n'en sais rien.

Elle demande si je viens boire un verre chez elle.

– Pas ce soir.

– T'as la migraine ?

Je souris.

Y a pas à dire : cette fille me fait rire.

– Faut que j'avance sur Wilde.

– Ah. Je reste avec Allan alors ?

Je lui souris pour lui faire comprendre que je suis désolé, et puis je me tourne vers la fenêtre pour qu'elle arrête de m'interroger.

Je suis chez moi, seul, personne à la maison, ouf, besoin d'espace, de respirer.

chapitre 17

Aujourd'hui c'est dimanche. Le temps est magnifique. Je suis le premier à me lever. Ce sont les cloches qui m'ont réveillé. Je ne sais pas vraiment où elles sont. Sûrement pas à côté. Pas très loin non plus. La plupart du temps, je ne les entends pas. Mais ce matin, elles sonnent à tout rompre.

Dimanche, jour de messe. Si je me dépêche, je pourrais y assister. Je ne suis jamais allé à la messe. Si, une fois, pour le baptême d'un cousin, mais ça ne compte pas : c'était un baptême. Je ne sais pas pourquoi j'ai envie d'y aller. Mais j'ai envie. Pour voir ce que c'est. Ce qui s'y passe.

Je m'habille, je cours, je suis le son des cloches qui s'arrête bientôt. Merde ! Je vais rater le début. J'hésite à rentrer chez moi. Après tout, qu'est-ce que j'en ai à faire de la messe ? Je ferais aussi bien de rentrer, de prendre une douche, un bon petit déjeuner.

Je ne sais pas qui a dormi à la maison. Peut-être que si je rentre, je serai seul. Je pourrai peut-être prendre mon petit déjeuner sur le perron, avec de la musique.

Alors que je réfléchis à tout ça, je tombe sur l'église. Une petite église sans prétention, comme on en voit partout, avec un cimetière à côté, un petit parc, et un bar en face. Je n'ai jamais compris pourquoi il y a si souvent un bar en face des églises. Est-ce que les enfants y boivent un coup avant d'aller au catéchisme ? Est-ce qu'après la messe, tous les bigots boivent l'apéro ?

La lourde porte est fermée. Je n'ose pas la pousser. La messe a dû commencer, pas envie de me faire remarquer. Je décide d'attendre.

Au comptoir du petit bar d'en face, je commande un café et un croissant.

Autour de moi, j'entends les hommes parler de leurs femmes et je comprends qu'elles sont toutes à la messe et qu'ils sont bien contents de se retrouver ici, en attendant. Ça m'amuse. J'aime bien la messe.

Je m'installe à une table avec mon café et mon croissant. Je les regarde se marrer, se raconter leur femme, leurs enfants, leur patron, ce qu'ils vont manger tout à l'heure, ce qu'ils ont trouvé de nouveau cette semaine pour faire chier leur voisin… J'aimerais que papa soit là.

J'aimerais le voir avec eux, sortir la tête de son travail, de sa tristesse.

Sûr que jamais il n'a été dans une ambiance comme ça, entre hommes.

Sûr qu'il s'y sentirait mal à l'aise mais que ça lui ferait du bien.

Maman avait toujours des tas de copines. Et quand papa travaillait tard, elle sortait avec ses copines. Elle sortait d'ailleurs plus souvent avec elles qu'avec papa.

En société, maman était celle qui amusait la galerie. Papa, lui, se marrait, se détendait, la regardait avec amour.

Sûr que ça lui faisait du bien et qu'il déconnectait de son boulot.

Mais je ne lui ai jamais connu de *copains*. Il a toujours eu des *collègues*, pas mal de *couples d'amis*, comme on dit, dont les femmes étaient, en fait, les copines de maman. Maintenant qu'elle est partie, même pas sûr qu'il continue de voir ces couples. Je me demande s'il a quelqu'un avec qui parler. Si parmi ses collègues, il y en a un à qui il a dit que sa femme est partie et que ça ne va pas trop.

À regarder les gars autour de moi, je ne sais pas non plus si eux ont ce genre d'amis, ceux à qui on se confie. Peut-être que quand ça ne va pas, ils sont du genre à noyer leur chagrin dans leur demi du dimanche et à dire des conneries ?

Deux demis, trois conneries, une jolie serveuse… la vie est belle !

Je voudrais bien, oui, que mon père ait un peu de cette philosophie de vie là.

La fin de la messe approche. Il y a ceux qui boivent un jus d'orange et mâchent du chewing-gum pour cacher l'odeur de l'alcool. Il y a ceux qui en reprennent un dernier pour la route. Je suis impatient de voir leurs femmes.

Les cloches sonnent, les portes s'ouvrent, des femmes en sortent, quelques hommes aussi. Les maris finissent leurs verres, jettent leur monnaie sur le comptoir et quittent le bar. Tout le monde semble se connaître, s'embrasse…

Moi aussi je veux en être.

Lentement, je marche vers l'église. Moins parce que je tiens à y entrer que parce que je suis curieux.

Autour de moi, on se donne des nouvelles des enfants, petits-enfants, on se promet de boire l'apéro ensemble la prochaine fois, on ment sur le nombre de demis qu'on a bus…

Je me promets d'aller à la messe plus souvent.

Peu à peu la petite place se vide.

Je reste seul face à l'église.

J'hésite à entrer.

Si le curé est encore là, il va me demander ce que je veux.

Je ne veux rien. Je ne crois pas en Dieu. Du moins mes parents n'y croient pas.

Moi, je ne me suis jamais posé la question.

Dieu, je ne le connais pas.

Finalement, je franchis la grande porte.

Je pensais que tout le monde était sorti mais en fait, non : un homme et une femme se tiennent devant l'autel, devant le curé. On dirait un mariage. Sauf qu'ils sont en jean et qu'il n'y a personne.

Personne ne m'a vu entrer. Je m'assieds sur un banc, au fond, dans le coin, limite derrière une colonne en pierre.

Je regarde les vitraux, l'architecture, les petits anges dans les coins… Je me sens bien. Je me sens soudain envahi par beaucoup de sérénité.

Je pense aux hommes de tout à l'heure, aux femmes qui sont sorties de l'église, aux cloches qui ont sonné, à ce petit ange en pierre qui me regarde, là-haut, avec tellement d'innocence.

Le curé explique comment ça va se passer, qu'il va demander à l'assemblée si quelqu'un s'oppose à ce mariage. J'entends le couple répéter après lui des phrases comme quoi ils acceptent de se marier pour le meilleur et pour le pire, de s'honorer jusqu'à ce que la mort… Et je commence à pleurer.

Pas que je sois triste, au contraire. Je me sens heureux, tellement plein d'amour, que ça déborde. Ce couple qui s'aime, ce curé qui les guide et qui a l'air si gentil, cet ange qui me regarde, et toutes ces pierres et ces vitraux, comme une maison dans laquelle se vit une autre réalité que la mienne. La mienne s'est effondrée.

Finalement, le couple dit merci et à la semaine prochaine.

Finalement, ils s'en vont et je reste seul dans l'église.

Je ne pleure plus mais je ne veux pas partir tout de suite. Je me sens bien, ici.

En raccompagnant le couple, le curé m'aperçoit. Nos regards se croisent et je suis mal à l'aise. Je n'ai rien à faire là, me sens un peu piégé. Sûr qu'il va venir me parler et que je n'aurai rien à dire. J'ai envie de partir mais je suis cloué au banc. Partir maintenant, ça ne serait pas poli. Et ça ne manque pas : voilà qu'il s'approche.

– Je peux faire quelque chose pour vous ?

– Je regarde.

– Vous avez assisté à la messe ?

– J'ai raté le début alors j'ai attendu au bar.

Le curé sourit. Il semble comprendre ce que je veux dire. Comme pour me rattraper, je dis que je reviendrai peut-être la semaine prochaine.

– Vous n'êtes jamais entré dans cette église.

– Je viens d'emménager.

– Vous êtes catholique ?

– Je ne pense pas.

– Baptisé ?

– … Je ne sais pas. Et vous, vous avez votre bac ?

Ça le fait rire.

Et moi aussi parce que je m'en fous, en fait, de savoir s'il a son bac ou pas ; je n'ai juste pas envie qu'il me pose des questions sur la religion, parce que s'il croit que je vais rentrer chez moi tout à l'heure en croyant en Dieu, c'est pas la peine, ce n'est pas pour ça que je suis venu.

Mais d'ailleurs, pourquoi est-ce que je suis venu ?

Il s'assied à côté de moi, respire un coup comme en rentrant d'une longue journée de travail et me dit qu'il a son bac, oui, qu'il a même fait des études.

– Des études ? Sur Dieu ?

– De théologie, oui, au séminaire. Mais avant ça, j'ai fait des études d'histoire et de philosophie.

Je suis scotché.

Il ne dit plus rien, et moi non plus.

Je ne suis plus mal à l'aise. J'ai l'impression qu'on se connaît maintenant. Je ne le vois plus comme un curé, mais comme un homme. Je n'ai pas l'impression qu'il attende quelque chose de moi. Je ne sais pas pourquoi il reste assis là, ni moi non plus d'ailleurs. Mais je me sens bien, là, et personne ne m'attend à la maison.

Je finis par demander, pas pour rompre le silence qui pour une fois ne me dérange pas, mais parce que je me pose vraiment la question :

– Ça veut dire quoi quand ils disent « pour le meilleur et pour le pire » ?

– Ça veut dire ce que ça veut dire.

Je le regarde, un peu surpris. Moi qui m'attendais à une leçon de morale !

– La maladie, la pauvreté, tout ça ?

– C'est ça pour toi, le pire ?

Je réfléchis.

Je pense à mes parents.

Tout à coup j'ai un nœud dans la gorge. Je dis :

– Non. Le pire c'est quand on ne s'aime plus. Ou quand on ne sait plus comment, je suppose.

Il me regarde. Il serait bête de pas comprendre ce que je suis en train de vivre. Pourtant, il ne pose pas de question. Je lui en suis reconnaissant. Pas envie d'en parler.

Nous restons encore un moment comme ça, dans le silence. Et puis je me lève et dis que je dois rentrer. Il ne se lève pas, ne me raccompagne pas. Simplement, il me sourit et me souhaite un bon dimanche.

– Merci. Vous aussi.

Et puis je sors, tout seul, léger, comme si je sortais de ma propre maison.

chapitre 18

Bientôt huit heures : il se fait tard.

Encore une fois, j'arrive dans une maison vide.

Après les cours, il faisait beau, je n'ai pas eu envie de rentrer tout de suite.

Anna est partie avec Guillaume, Jen et Allan ont pris le bus et moi, je suis allé faire mes devoirs dans un parc, sous un arbre, à l'ombre. C'était cool.

Dans le réfrigérateur je prends une bière *t'avais qu'à pas partir.*

De mon téléphone en Bluetooth sur l'enceinte, je lance l'album de Keane que mon frère a acheté il y a des années et que tout le monde a oublié. Face au jardin, sur le perron, je m'installe.

Personne n'a laissé de mot, j'ignore où ils sont.

Je suppose que Guillaume est avec Anna. Pour papa, je ne sais pas et je préfère ne pas savoir. Peut-être qu'il travaille tard. Et puis je me demande pour Jen et Allan… Mais je m'en fous. En tout cas, depuis que papa s'est remis à sortir et que Guillaume est avec Anna, je passe beaucoup de temps tout seul dans cette maison. J'aime bien.

Maintenant qu'il fait bon, je découvre le jardin. Faudrait quand même que quelqu'un s'en occupe. Il ne ressemble vraiment à rien.

Je me sens libre.

Keane chante « *Everybody is changing and I don't feel the same*. » J'aurais pu écrire cette chanson. Drôle, comme la vie a changé ces derniers mois.

La porte s'ouvre derrière moi : quelqu'un rentre à la maison. Parce que je n'entends pas les gloussements d'Anna et de Guillaume, je suppose que c'est papa.

Je l'entends dans la cuisine, ouvrir le frigo et prendre une bière.

Mais finalement, c'est Guillaume qui s'assied à côté de moi, sur le perron. Il étend ses longues jambes devant lui. Je demande :

– Anna n'est pas là ?

– Chez elle ! Elle travaille sur Oscar Wilde.

– Pas mécontent de l'apprendre.

– Alors vous vous êtes réconciliés ?

– C'est ce qu'elle t'a dit ?

– … À peu près, oui. Vous passez quand ? Votre exposé ?

– Dans un mois et demi.

– Hum.

Silence.

Il demande :

– Tu m'en veux ?

– Pourquoi je t'en voudrais ? Elle est libre. Et toi aussi.

– …

– J'ai pas voulu d'elle, moi. Tu l'as très bien entendu, non ? T'as profité de la situation – qui ne l'aurait pas fait ?

– Tu m'en veux.

Silence.

Il reprend :

– Elle parle beaucoup de toi, tu sais.

– …

– Je crois que tu l'intrigues. Comme tu intrigues tout le monde d'ailleurs. À force de rien dire… On ne sait jamais ce que tu penses.

– La plupart du temps, je ne pense rien.

– …

– …

– Elle se trouve moche.

– Elle se compare à sa mère.

– On est allés faire les boutiques, je l'ai conseillée sur…

– Je m'en fous d'Anna. Non, c'est pas ça. Je ne veux pas que tu me parles d'elle. Je me fous de la Anna qui est avec toi.

Guillaume ne dit plus rien.

Je crois qu'il est un peu choqué que je lui aie coupé la parole quand visiblement il essayait justement de me faire comprendre qu'au fond, elle ne m'en voulait pas. Mais je le sais, ça, pas besoin de lui pour me le dire. N'empêche qu'elle et moi, on n'arrive pas à se parler pour l'instant. C'est comme ça. Et je refuse qu'il s'en mêle.

Il demande :

– C'est vrai que tu couches avec sa copine Jen ?

– Un peu.

– Ça ne veut rien dire *un peu*.

– Ben si, ça veut dire *pas trop*.

– Hum. En tout cas, elle a une jolie paire de seins.

Et ça m'emmerde qu'il parle comme ça de Jen parce que putain, un peu de respect quoi. Jen, elle lit des trucs super, elle a des opinions vachement intéressantes, on discute de politique, elle m'apprend plein de choses… C'est ça qui est intéressant. Qu'elle ait de beaux seins, c'est juste une façade. C'est pas à lui de m'en parler. Est-ce que je lui parle, moi, des seins d'Anna qui ressemblent à des noisettes caramélisées ? Non. Je me permettrais pas. Alors je change de sujet.

– Tu sais où il est, papa ?

– Chez Anna.

– Encore ?

Silence.

Et puis j'y tiens plus alors je lui demande :

– Il est avec Mme Béron ?

– Avec Jane ?

– Jane !?

– J'espère bien qu'il est avec ! Belle comme elle est ! Et puis franchement, ça lui ferait du bien.

– Ça fait que deux mois que maman est partie.

– Presque et demi. Et puis… Y s'agit pas de remplacer maman ! Y va pas l'épouser, Jane ! Il s'agit de… Merde quoi ! Faut bien que le corps exulte !

– Hum.

– Tu préfères pas qu'il soit bien ?

– J'en sais rien.

En fait, peut-être que depuis que maman est partie, papa s'est jeté dans le corps de nombreuses femmes déjà, j'en sais rien – il rentre tard, souvent. Et peut-être que maman fait pareil, j'en sais rien, je ne veux pas savoir.

L'impression tout à coup que le monde ne tourne qu'autour de ça : du cul, de qui couche avec qui…

Silence.

Je demande :

– Et toi ? T'étais où ce soir ?

– Je t'en pose, moi, des questions ?

– Ben oui, justement, t'arrêtes pas !

Guillaume sourit parce que je crois que c'est la première fois que je lui réponds.

– Ça m'fait plaisir que tu grandisses.

– J't'emmerde, vieux con.

Et il se marre.

Et moi aussi, je me marre.

Silence.

– Tout le monde baise avec tout le monde alors ?

– Ben non ! Toi tu baises avec Jen, moi avec Anna et papa avec Jane. C'est pas tout le monde avec tout le monde !

– Et maman ?

Silence.

Je reprends la parole.

– Je peux te poser une question ?

– Tu fais que ça depuis tout à l'heure.

– … T'es amoureux ?

– D'Anna ?

– Non, du pape.

– … Je l'aime bien.

Je ne sais pas pourquoi, mais ça me fait un pincement au cœur.

Je préférerais qu'il soit amoureux d'elle parce que quand je la vois si gaie, je ne peux pas m'empêcher de penser qu'elle l'est, elle, amoureuse. Et ça me fait chier de me dire qu'il va lui faire du mal et que je devrai la consoler, après.

Il demande :

– Et toi ?

– De Jen ?

– Du pape.

Je me marre.

Il attend.

Je réponds :

– Non.

– Et d'Anna ?

J'hausse les épaules.

Pas que je ne veuille pas répondre mais vraiment, je sais pas.

Est-ce qu'on peut vraiment savoir ce genre de chose quand on se connaît depuis si peu de temps ? Et surtout quand tout foire comme ça ?

Je sens bien qu'il y a quelque chose… mais je préfère penser que c'est une sorte de *gémellité intérieure*.

J'essaie d'expliquer ça à Guillaume, mais il se marre alors je me tais.

On finit nos bières sans plus rien se dire.

Je crois que Guillaume se demande s'il doit quitter Anna.

Moi, franchement, je ne veux pas m'en mêler.

Je ne veux pas qu'elle soit malheureuse.

Je ne veux pas avoir à la consoler de Guillaume, ce serait pire que tout.

Je ne suis même pas sûr de vouloir être avec elle.

Peut-être que finalement, on ne trouverait rien à se dire et qu'on se ferait juste chier ensemble.

Apparemment, elle se marre bien avec Guillaume. Moi, je me marre avec Jen, même si on n'est pas vraiment ensemble. Mais bref : ça ne me dérange pas que les choses restent comme ça pour l'instant.

J'aime bien mon frère. Je sais bien que quand il veut, il n'est pas si con que ça. Il a le don de m'énerver, mais c'est à ça que ça sert, un frère, non ? Au fond, je suis content qu'il soit là, entre mon père et moi, pour nous obliger à parler un peu de temps en temps. Sans lui, cette maison serait aussi sourde et muette que l'absence de maman.

chapitre 19

– Votre mère a appelé. Elle arrive dans deux jours et reste une semaine.

Guillaume et moi, on marque un temps d'arrêt.

Maman vient nous voir ?

Assommés, abasourdis, éberlués – je trouve pas le mot exact – contents, désopilés… C'est comme si on venait d'apprendre qu'une momie s'était réveillée.

Papa explique que le bateau fait escale dix jours en Espagne et que maman n'en a rien à faire de l'Espagne mais qu'on lui manque beaucoup. Alors comme ce n'est pas trop loin, elle va prendre l'avion et venir nous rendre visite une petite semaine, pour les vacances.

Deux mois qu'on ne l'a pas vue, que tout ce qu'on a reçu d'elle, c'est une pauvre lettre avec quelques photos et quelques coups de fil à propos de la pluie et du beau temps.

Deux mois et, c'est con à dire, mais c'est comme si elle était sortie de notre vie.

'Fin : pas sortie genre *on n'y pense plus* ! Mais sortie genre *elle ne fait plus partie de notre quotidien.*

Peut-être que si on était restés dans l'ancienne maison… Mais là…

Même s'il ne se passe pas une minute sans qu'on pense à elle, elle ne fait pas partie de ces murs et à vrai dire, on commence à peine à y prendre nos marques, nous. Notre vie s'organise, s'arrange, s'accommode sans elle. De nouvelles règles sont fixées – ou plutôt, les règles sont abolies peu à peu. On est passés du *pas d'alcool, pas de soda, pas de caféine (sauf pour le café de papa – et de Guillaume – le matin)* à *chacun est responsable de lui-même et fait ce qu'il veut en son âme et conscience tant que ça ne fait chier personne.* Aujourd'hui, si j'ai envie de regarder la télé pendant une heure ou deux avant de faire mes devoirs, je peux. Ça ne m'empêche pas de faire mes devoirs après. Et puis si après les avoir faits, j'ai envie d'une bière, je sais qu'il y en a dans le frigo et que personne ne viendra me reprocher d'en avoir pris une. Et après avoir bu ma bière, si je veux sortir me balader ou carrément passer la nuit chez Jen (ce qui n'est jamais arrivé) je n'ai pas à demander. À la rigueur si je découchais, je laisserais un mot pour prévenir, que personne ne s'inquiète mais à part ça, je sais que ni papa, ni Guillaume ne viendront me faire la morale pour savoir où j'étais, ce que j'ai fait et si j'ai bien fait attention. Pas que maman me ferait chier, elle, à me poser toutes ces questions mais… Depuis qu'elle est partie, on s'est habitués autrement – surtout moi puisque j'étais le seul dont elle se sentait encore responsable.

Avec Guillaume, on regarde autour de nous. Et puis Guillaume dit :

– Va falloir virer les bières !

Quelque chose me dérange dans cette idée, je ne sais pas quoi.

Papa s'excuse et dit que c'est trop tôt pour lui, qu'il ne restera pas.

Encore une fois, Guillaume et moi marquons un temps d'arrêt.

– Comment ça, tu restes pas ?

– Je suis sûr que vous comprenez, hein ? Si vous aviez trois ans, je pense qu'on ferait l'effort de jouer à *papa et maman sont capables de passer une semaine sous le même toit à jouer à la famille* mais… comme vous n'avez plus trois ans…

Guillaume et moi, on baisse la tête et je ne sais pas pour mon frère mais moi, j'aimerais bien avoir trois ans.

Papa ajoute :

– Pas que ça se passerait mal, on est en bons termes, vous le savez, mais… Je vois pas pourquoi je m'infligerais ça. Je commence tout juste à m'habituer…

Bien sûr qu'on comprend.

Guillaume demande quand même :

– Tu vas où ?

Papa hésite et me regarde genre *pour tester ma réaction* ou s'excuser.

– Chez Jane.

– Mme Béron ?

J'accuse le coup.

Donc, c'est officiel : papa couche avec Mme Béron.

Je ne dis rien.

Quelque part, je me sens trahi.

Déjà, que Guillaume soit entré dans ma cour, ça me fait chier.

Mais alors si papa s'y met aussi… !

Quoique techniquement, Mme Baron, c'est plutôt sa cour à lui. D'accord.

Bref.

Papa dit qu'il est désolé, qu'il n'a pas vraiment d'autre endroit où aller. Depuis que maman est partie, il n'a plus envie de voir les amis qu'ils avaient en commun et qui lui parlent forcément d'elle en le regardant avec pitié. Guillaume et moi, on comprend. Il ajoute qu'en plus, tous ces amis-là sont soit en couple, soit en dépression – voire les deux – et qu'il n'a ni envie de voir des couples heureux, ni des célibataires en dépression et encore moins des couples en dépression. Jane est une célibataire heureuse et assumée qui, en plus – et c'est un très bon argument – ne connaît pas maman. Elle lui a fait la proposition de l'accueillir une semaine ; c'est la meilleure opportunité qu'il puisse trouver.

Bien sûr !

Une célibataire heureuse et assumée !

Ben voyons.

Maman vient à la maison et papa va se consoler dans la culotte de Jane.

Je comprends qu'il ne veuille pas rester à la maison, je comprends même pourquoi il va chez les Béron, mais quand même, c'est bizarre.

Évidemment, on ne doit pas dire à maman où il est : il lui a dit qu'il resterait chez des amis ce qui, dans son oreille à elle, a dû sonner comme *chez un couple d'amis*. Il n'a pas précisé et nous demande de ne pas préciser non plus – *ce serait inutile* – qu'il s'agit d'une mère et de sa fille.

Guillaume et moi, on comprend.

On comprend surtout que ça y est : ils sont bel et bien séparés.

Chacun sa vie, ses petits secrets… Et nous au milieu.

J'ai envie de pleurer.

Est-ce qu'Anna viendra passer quelques nuits à la maison pendant que maman sera là ? J'espère que non, ça rendrait le mensonge encore plus difficile, mais je n'ose pas en parler avec Guillaume. On verra ça plus tard.

Maman ne rencontrera pas Jen non plus. Jen va voir son petit ami.

Pourtant, je sais qu'elles s'entendraient bien : maman aussi adore la littérature contemporaine.

Papa ajoute :

– Si j'étais vous, je n'enlèverais pas les bières qu'il y a dans le frigo. Dites-vous que c'est elle qui vient chez vous maintenant. Avec toute l'affection et le respect que vous lui portez et que vous lui devez, c'est aussi à elle de faire l'effort de vous prendre tels que vous êtes aujourd'hui.

Il a raison.

C'est exactement ce que j'ai pensé sans arriver à le formuler quand Guillaume a dit qu'il fallait virer les bières. Voilà. C'est ça qui me dérangeait.

Guillaume se défend :

– Pour une semaine… ce serait peut-être plus facile de faire semblant de… 'fin de faire comme si tout fonctionnait encore comme avant ?

Alors je lance :

– Non. Papa a raison. C'est à elle de s'habituer et d'accepter notre nouvelle vie. C'est pas méchant. Juste… Je vois pas pourquoi on mentirait.

Tous les deux me regardent, surpris, parce que c'est la première fois que je dis ce que je pense. Et comme on est trois, ma voix tranche et Guillaume dit :

– OK ! On ne touche à rien.

Et moi je me sens fier que ma voix ait été prise en compte – mais je ne laisse rien paraître, fais comme si tout était normal.

– Elle va dormir où ? demande Guillaume.

Silence.

Ici, il n'y a pas de chambre d'amis. Il y a bien un canapé dans le salon, mais on ne va quand même pas mettre maman dans le salon !

La chambre de papa sera vide, mais…

Je propose de prendre la chambre de papa et de lui laisser la mienne.

Papa dit qu'il lui a proposé sa chambre et qu'elle fera comme elle voudra.

OK.

Silence.

Merde.

Maman arrive dans deux jours.

– Quelqu'un veut une bière ? demande Guillaume pour rompre le silence.

chapitre 20

J'ouvre la porte et elle est là, sa petite valise à la main.

Elle me regarde avec un sourire nerveux.

Moi, comme un con, je ne bouge pas, je ne souris pas.

Je n'avais pas pensé qu'elle n'avait pas les clefs de la maison.

Je ne m'attendais pas à ce qu'elle sonne. Les sonnettes, c'est fait pour les étrangers ou pour les invités. Et puis on l'attendait plus tard ! On a dû mal comprendre.

Heureusement, papa est parti ce matin avec ses affaires.

Voilà tout ce à quoi je pense au lieu de la prendre dans mes bras.

Je n'ai jamais été séparé d'elle aussi longtemps, deux mois, c'est peut-être pas très long à… à l'échelle d'une vie – mais tant de choses ont changé qu'elle me fait l'effet d'une apparition.

Maman est… différente. Elle a blondi et coupé ses cheveux, ça libère sacrément son visage et sa nuque. Elle est bronzée et… on dirait qu'elle s'est fait refaire les seins !? Il faudra que je demande à Guillaume, sûr qu'il saura me dire ça tout de suite, lui. Maman porte des sandales et a mis du vernis sur ses ongles de pieds. Sa jupe fleurie lui arrive à mi-mollet, son chemisier est rose pâle et surtout décolleté.

Pour la troisième fois, elle demande:

– Pierrot ? Tu me laisses entrer ?

Je fais *oui* de la tête.

Elle approche doucement et me prend dans ses bras.

Ma tête collée sur son épaule, j'ai l'impression que j'ai grandi…

Je retrouve l'odeur de sa peau, de ses cheveux…

Elle sent bon, maman.

Dans mon oreille, elle murmure, me demande comment je vais, me dit que je lui ai tellement manqué… Je crois que je pleure, merde, je ne veux pas pleurer.

Je respire profondément et lui tape gentiment le dos pour me dégager de son étreinte, reprendre la distance nécessaire au contrôle de mes émotions.

Elle semble un peu surprise de ce dégagement soudain. Je lui souris comme je peux et lui ouvre la porte. Elle entre, timide. Je prends sa valise.

Dans l'entrée, elle regarde autour d'elle, découvre comment on a aménagé l'espace. J'appelle Guillaume à grande voix, qu'il vienne à mon secours. J'explique qu'il est en haut.

– Tu veux qu'on monte ta valise ?

Maman fait *oui* mais ne semble pas sûre d'elle.

Elle n'ose pas avancer. Le sourire accroché à ses lèvres est toujours tendu, ça me panique. C'est-à-dire que cette maison, elle ne l'a vue que vide, avant de partir. Alors évidemment, ça a changé depuis.

Guillaume ne répond pas.

Je ne sais pas si je dois monter ou rester là avec maman qui regarde partout et nulle part sans faire un pas.

Je me demande si c'est papa qu'elle cherche. Pourtant elle sait – il le lui a dit au téléphone – qu'il n'est pas là.

Peut-être que c'est pour ça qu'elle est venue plus tôt, espérant le croiser avant qu'il ne s'en aille – c'est qu'elle ne doit pas savoir que papa la connaît bien, et même mieux depuis qu'elle est partie parce qu'il pense beaucoup à elle. Ce matin, il a pris ses affaires avec lui en allant au bureau et prévenu qu'il ne repasserait pas, au cas où elle arriverait plus tôt. Comme quoi…

Guillaume dévale l'escalier. Je me sens soulagé. Il hurle :

– Maman !

Et la soulève, la fait tourner. Elle rit, il l'embrasse, il la serre, on dirait qu'il va l'étouffer mais non, elle est contente.

Pourquoi est-ce que je n'arrive pas à faire ça, moi ?

Guillaume a beau se réjouir de voir maman, la faire tourner et sauter dans tous les sens, je vois bien qu'il ne pleure pas, lui, qu'il ne se laisse pas déborder par l'émotion. Alors qu'elle, comme moi, essuie ses larmes et renifle un petit peu.

Guillaume repose maman et recule d'un pas comme pour admirer une toile. De son sourire en coin, il lui demande de se mettre de profil et elle, elle s'exécute, prend la pose…

– Mais dis donc toi, tu ne te serais pas fait refaire les seins ?

Maman pouffe, rougit, cache sa poitrine…

– Oh ! Ben… Je pensais pas que ça se voyait tant que ça ! J'ai fait ça en Tunisie. Ils ne sont pas vraiment plus gros mais c'est-à-dire que de vous avoir allaités tous les deux, ça ne m'a pas arrangée moi !

Et Guillaume de la serrer de nouveau pour lui dire qu'elle a bien fait, que c'est joli, qu'elle est magnifique, qu'elle aurait dû le faire avant…

Et moi de regarder mes pompes parce que franchement, qu'ils parlent de la nouvelle poitrine de maman, c'est trop pour moi. J'veux pas savoir.

Ils sont là à se faire des papouilles et moi, pétrifié, noué, stressé, nerveux, mal à l'aise… Pourtant, c'est vrai que maman est magnifique. Peut-être que ça fait partie des choses qui me pétrifient, me nouent, me stressent, me rendent nerveux et me mettent mal à l'aise : je n'ai pas l'habitude que maman soit une femme ! De la trouver jolie, je veux dire. D'habitude, je sais qu'elle est jolie mais quand je la regarde, je vois ma maman. Maintenant, avec ses nouveaux seins, ses nouveaux cheveux et sa nouvelle garde-robe… On dirait Mme Béron. Ça me dérange.

Guillaume prend la valise de maman et monte à l'étage.

– Tu veux dormir où alors ? Tu veux voir les chambres ? Nous, on s'arrangera.

Ils me sont passés devant sans me calculer et déjà, ils disparaissent dans l'escalier.

Je reste planté là.

Je suppose que c'est ce qui arrive quand on fait la plante verte : les gens ne vous voient pas.

Je respire. Mes mains sont moites.

En haut, je les entends rire, faire le tour du propriétaire – on dirait deux adolescents. En l'occurrence, l'adolescent, ici, c'est moi, merci.

Je n'arrive pas à monter. Pas tout de suite.

J'ouvre la porte du perron, face au jardin.

Je fais le vide.

Sophrologie.

Leurs rires disparaissent, et la maison, et la valise, les nouveaux seins…

Je reste seul avec moi-même, et le jardin.

Ça se détend, en moi, peu à peu…

Tout va bien.

Tout va bien se passer.

Je ne peux pas rester là, ce serait mal compris : il faut monter les rejoindre.

Maman est dans la chambre de papa. Guillaume, adossé à la porte, la regarde se promener parmi ces objets, ces vêtements qu'elle reconnaît. Elle observe tout du bout des yeux, sans toucher, comme dans un musée.

– Il va bien ?

– Ça va, on répond en cœur avec Guillaume, genre *pour ne pas s'attarder et changer de sujet.*

Maman est sceptique. Je vois bien qu'elle a envie de poser d'autres questions mais qu'elle se retient. Et franchement, j'espère qu'elle va continuer à se retenir parce que personnellement, je n'ai pas envie de parler de papa avec elle, pas envie d'être coincé entre eux.

Elle doit sentir – elle n'est pas conne, maman – qu'on ne veut pas être mêlé à leurs histoires, alors elle se détourne, reprend sa marche.

Pour rompre le silence, je dis :

– Si tu préfères, tu peux prendre ma chambre ?

Maman secoue la tête, me dit que c'est gentil mais que ça va aller.

Et nous voilà tous les trois à regarder nos pompes et à nous demander ce qu'on va bien pouvoir faire ou se dire maintenant. Et tout le reste de la semaine.

Est-ce qu'on va jouer à *tout est normal* ?

Est-ce qu'on va pleurer ?

Est-ce qu'on va parler de la situation ou seulement se raconter des anecdotes ?

Est-ce qu'elle va nous parler de sa nouvelle vie ?

Est-ce qu'à un moment j'aurai le courage de lui demander pourquoi – ou pour qui – elle s'est fait refaire les seins ? Est-ce qu'elle a quelqu'un dans sa vie ? Est-ce qu'elle pense, parfois, qu'elle va revenir ?

En fait, je n'ai pas envie de parler de la situation et je me fous de sa nouvelle vie.

Ce que je veux, c'est coller ma tête dans son cou pour sentir son odeur. Puis la poser sur ses genoux, ma tête, devant la télé pour qu'elle me fasse des gratous. Retrouver l'odeur de la salle de bains quand elle en sort, enroulée dans sa serviette…

Je veux la retrouver dans mes sens. La toucher, la sentir, la regarder.

Lui parler de la pluie et du beau temps et qu'elle me parle, elle, de n'importe quoi, mais pas de trucs importants…

Parce que ce qui me manque, c'est sa présence.

Le reste d'elle – ce qu'elle est à part ma maman, ce qu'elle pense ou ce qu'elle a à dire – ça ne m'intéresse pas.

En fait, tout ce qu'elle est aujourd'hui ne m'intéresse pas.

Et à bien y penser, je pense que même ma tête sur ses genoux ou son odeur en sortant de la salle de bains n'auraient, aujourd'hui, plus le même effet, plus le même goût. Parce qu'elle n'est plus tout à fait la même et que moi non plus, je suis plus tout à fait le même.

Et puis, si je suis très heureux de la retrouver, papa me manque terriblement. Je trouve ça injuste qu'il ait dû quitter la maison pour qu'elle puisse venir nous voir.

En fait, je voudrais qu'elle ne soit pas là, qu'elle ne soit pas venue bousculer, déranger cette nouvelle vie si fragile qu'on vit, entre hommes.

Maman n'a rien à faire ici, pas maintenant, c'est trop tôt, beaucoup trop tôt… La preuve : papa est parti.

À choisir entre l'un et l'autre, je suis désolé, je choisis celui qui est resté.

Je ne veux pas choisir, mais soudain je lui en veux, à ma mère, de se promener dans la chambre de papa comme si elle y était chez elle. Et de s'y installer comme si c'était normal. Je lui en veux de s'occuper d'elle et d'être si jolie que papa retomberait amoureux d'elle – quoiqu'il n'ait jamais cessé de l'être.

Peut-être qu'en la voyant comme ça, il la suivrait sur son bateau ?

Parce que s'il y a une chose dont personne ne doute, c'est que maman va repartir.

Dans une semaine, maman nous quittera et nous, encore une fois, on restera ici, malheureux comme des chiens.

Alors que maman s'installe et papote avec Guillaume, je quitte la chambre.

Je passe à la salle de bains et prends un préservatif dans le tiroir de Guillaume.

Je sais où il les range.

J'ai besoin de sortir de cette maison, d'aller me balader.

J'ai besoin de voir Jen, de voir si on peut jouer à se faire du bien.

Délibérément, je quitte la maison sans prévenir, sans dire où je vais ni à quelle heure je rentre.

Délibérément, je ne laisse pas de mot non plus parce que merde, c'est comme ça que ça fonctionne maintenant.

Je reviendrai.

chapitre 21

Je sonne et c'est elle qui ouvre.

Avec un peu de chance, ça veut dire que sa mère n'est pas là.

– Pierre ? elle demande comme si c'était si surprenant que je sois là, sur son palier. Qu'est-ce que tu veux ? elle ajoute en souriant, visiblement contente de me voir.

Je ne sais pas quoi dire alors je l'embrasse et elle se laisse embrasser sans pour autant répondre fougueusement à mon baiser, mais quand même juste ce qu'il faut pour pas paraître impolie, désobligeante. Je dis :

– Je sais que t'as un copain. Je ne veux pas prendre sa place. Tu le rejoins demain pour les vacances, je sais.

Et je l'embrasse encore, espérant qu'elle réponde avec un peu plus d'enthousiasme à cette deuxième tentative.

– Pierre, elle dit sans s'éloigner de mon visage – ce que je prends pour un désir naissant et qui me donne un peu confiance et assurance. Quand je… si ça se reproduit trop de fois avec la même personne, j'ai l'impression que je le trompe, tu comprends ?

– Non, je réponds en l'embrassant encore, pas parce que je ne comprends pas mais parce que j'ai pas envie de comprendre, que je m'en fous – je voudrais qu'elle se taise.

– Quand ça n'arrive qu'une fois, ou deux, j'ai l'impression que c'est un accident. Mais si on recommence…

Je comprends.

Je comprends surtout que c'est important pour elle de ne pas avoir l'impression de tromper son copain. Et que si je veux obtenir quoique ce soit d'elle aujourd'hui, il va falloir que je trouve quelque chose à dire qui la rassure à ce propos.

– Jen, je dis, pas trop loin de son visage – et je vois bien qu'elle attend que ça, elle aussi : que je trouve les mots pour qu'elle puisse se laisser aller à ce que je suis venu chercher. On ne va rien faire, d'accord ? Rien du tout. Ma mère vient d'arriver et j'ai besoin de prendre l'air. De voir une amie. C'est pour ça que je suis venu. J'ai besoin de toi, en tant qu'amie.

Elle fait *oui* de la tête. Et m'embrasse. Me consoler en tant qu'amie, ça elle veut bien. Et je remonte son tee-shirt. On ne laisse pas un ami dans le besoin. Et j'embrasse ses seins. On prend soin de ses amis. Elle sent mon sexe dur à travers mon pantalon. Elle ferme la porte derrière moi, me tire par le tee-shirt jusqu'à sa chambre. Elle s'allonge sur le lit. Je m'allonge à côté d'elle. On ne s'embrasse plus. Je caresse ses seins. On se regarde. Elle attend.

– Elle est venue vous voir ou elle est revenue pour de bon ?

– Juste une semaine.

Et j'ajoute que je n'ai pas envie d'en parler. Que justement, si je suis là, c'est pour prendre du recul. Je préférerais qu'elle me raconte des trucs, elle.

– Qu'est-ce que tu veux que je te raconte ?

– Je ne sais pas moi ! Qu'est-ce que tu lis en ce moment ?

– Le dernier Jérôme Ferrari.

– Ça parle de quoi ?

– J'ai à peine commencé. Il a eu un Goncourt, tu sais ! C'est ma mère qui l'a acheté. Il est trop beau, ce mec, sérieux. Je l'ai entendu à la télé la dernière fois… Il a une voix !

C'est exactement ça, voilà. Exactement ça dont j'ai besoin : la façon qu'à Jen de parler de choses intellos avec son air frivole. J'adore ça.

Ça a le don de me mettre de bonne humeur.

– Pourquoi tu souris ?

– Parce que tu me fais rire.

– Tu te moques de moi ?

– Non. Mais ce type a eu un Goncourt et toi, ce que tu mentionnes quand je te demande de quoi ça parle, c'est sa voix trop sexy…

– C'est ça : tu te moques.

– Non, j'adore. Rien n'a jamais l'air sérieux ou compliqué avec toi. Ça fait du bien. Ça me fait tellement de bien d'être avec toi, Jen. Je voudrais tellement… être avec toi. Vraiment.

Je me dis que c'est quitte ou double.

Elle a pitié de moi, peut-être.

Elle m'embrasse tendrement.

Je l'attrape par la taille et la rapproche de moi.

Le reste se fait tout seul.

J'ouvre mon pantalon.

Elle hésite une seconde quand je sors la capote.

– S'il te plaît, Jen. J'ai besoin d'être avec toi. Je suis mal depuis que ma mère a débarqué. J'ai besoin d'une amie. Que quelqu'un me fasse du bien. Ça change rien pour ton copain. Je te jure.

Elle cède.

Elle se cambre quand je l'embrasse.

Décidément, j'adore les femmes. J'adore leurs seins. J'adore qu'elles se cambrent comme ça. Je crois que je ne serais plus jamais capable de regarder une femme sans l'imaginer se cambrer.

Jen ne s'est pas convulsée comme la dernière fois.

Elle n'a pas joui, mais a beaucoup gémi. Elle s'est accrochée à mes cheveux et a pris du plaisir, dit-elle. Peut-être que c'est pour ça que les hommes ont de la calvitie : parce que les femmes s'accrochent trop à leurs cheveux ? Je plaisante.

J'ai eu ce que je voulais.

J'ai réussi à mettre la capote dans l'action.

Je m'étais entraîné. Je n'ai pas eu peur. Je n'ai pas trop galéré.

Et c'était tellement mieux que tout ce que j'avais imaginé.

Je m'assoupis.

Quand je me réveille, elle a la tête dans mon épaule. J'ai l'impression qu'elle pleure. Je lui caresse les cheveux.

– Je l'ai trompé, hein ?

– Mais non !

Alors que franchement, elle l'a trompé, oui. Même la dernière fois… Si ma copine faisait ce qu'on a fait avec quelqu'un d'autre, ami ou pas, j'aurais du mal à considérer qu'elle ne m'ait pas trompé. Mais puisqu'ils ont un arrangement, comme elle dit…

– Il n'est pas là. Et toi, t'es tellement belle, tellement gentille et sensuelle. C'est pas ta faute ! C'est parce qu'on est jeunes. On a besoin de… C'est naturel !

– Je vais le quitter. J'ai pas envie d'être quelqu'un qui trompe. Si je suis pas capable de me retenir quand il est loin… Il faut que je sois avec quelqu'un qui est là, tu crois pas ?

Je trouve rien à dire.

Je ne sais pas si j'ai envie qu'elle le quitte.

Moi, j'aime bien ce qu'on fait, c'est vrai. Mais de là à ce qu'elle quitte son copain… Je ne sais pas.

En même temps, je suis mal placé pour lui conseiller de ne pas le quitter ! Je passerais pour quoi ?

– Pourquoi t'attends pas de le retrouver demain ? Tu verras bien comment tu te sens. On a 16 ans, Jen. On a le droit de s'amuser un peu, non ? Entre amis, on sait qu'on peut se faire confiance. On se fait que du bien. On se dépanne.

Elle se lève et me dit qu'il vaut mieux que je rentre. Elle a envie d'être seule. Alors je me rhabille et je m'en vais. Je connais la sortie, merci. Pas besoin d'être raccompagné.

Sur le chemin du retour, je me sens bien.

Je ne pense ni à son mec, ni à ma mère qui doit s'inquiéter, ni à Guillaume qui doit être furieux…

'Fin, j'y pense bien sûr, à tout ça, mais ça me passe loin, très loin au-dessus de la tête.

chapitre 22

Guillaume et maman sont à table.

Maman a cuisiné. Ça sent bon.

Quand j'entre, ils restent assis et s'arrêtent de manger : visiblement, ils font la gueule. Enfin, pour être précis, je crois que maman est triste et que Guillaume m'en veut. Évidemment, je sais pourquoi. Alors je ne demande pas, pas besoin de l'entendre.

– Bon appétit, je dis en ouvrant le frigidaire et en prenant une bière.

– Il en reste dans la poêle si tu veux, me dit maman pour essayer de rattraper quelque chose que j'aurais laissé tomber.

– Merci, j'ai pas faim.

Maman regarde ma bière mais ne dit rien.

Je monte dans ma chambre, m'allonge sur le lit jambes croisées et je commence à compter.

Un, deux, trois…

C'est drôle, avant, c'est quand Guillaume faisait une connerie que je comptais ! Maintenant, c'est pour moi.

Sept, huit, neuf…

Ce que je compte ? Le temps de réaction : ça donne une idée de l'ampleur des dégâts. Parfois, pour Guillaume, j'avais pas le temps de compter jusqu'à *un* que maman débarquait déjà dans sa chambre.

Mais là… L'atmosphère est suffisamment biscornue pour que je ne sois pas sûr que quelqu'un réagisse.

Ça arrive parfois : on pense se faire engueuler et puis rien, silence. Juste une tête qui se secoue genre *je suis tellement déçu.*

Quinze, seize, dix-sept…

Je compte quand même, on ne sait jamais.

Avant, je pariais aussi intérieurement sur qui, de papa ou de maman, allait réagir en premier. La plupart du temps, c'était maman. Papa ne réagissait que si Guillaume parlait mal à maman.

Vingt…

Sûr que cette fois, maman est choquée.

Je parie donc sur Guillaume.

Est-ce que Guillaume va réagir ?

Vingt-deux, ma porte s'ouvre avec fracas et je souris : j'ai gagné.

Guillaume est là, furieux, rouge mais silencieux.

Il ne me fait pas peur du tout.

– Quoi ? je demande.

Davantage pour lui tendre la perche que pour lui poser réellement la question parce que bien sûr, je sais de quoi il s'agit.

– Où t'étais ? il demande.

Je bois une gorgée de ma bière avant de répondre :

– Chez Jen.

– Et tu peux pas prévenir ? Laisser un mot ? Qu'on t'attende pas comme des cons pour passer à table ?

– Depuis quand on passe à table dans cette maison et depuis quand on prévient quand on sort ?

– Depuis que maman est là.

– On avait dit qu'on ne changeait rien, que c'était à elle de rentrer dans notre nouvelle vie.

– Et t'es obligé de la lui foutre dans la gueule comme ça, notre nouvelle vie ? Comme de prendre une bière sous son nez et de te tirer genre *j'en ai rien à battre que tu sois là* ?

– C'est pas ça.

– Si c'est ça. Et excuse-moi d'être cliché mais c'est très adolescent et franchement, c'est pas le meilleur moment pour faire ta crise d'ado !

– Ben tu me diras quand ce sera le bon moment alors ? J'essaierai de faire en fonction.

– Tu as blessé maman.

– Parce qu'elle, elle me rend très heureux depuis deux mois peut-être ?

Guillaume ne trouve plus quoi dire.

Je crois qu'il est sidéré et moi fier comme un coq, j'ai jamais eu autant de répartie.

– Viens t'excuser.

Je ne bouge pas.

– Viens t'excuser tout de suite !

– M'excuser de quoi ?

– De ta grossièreté.

– Avec papa, boire de la bière et ne pas prévenir quand on sort n'est pas grossier, c'est normal.

– Pourquoi tu fais ça ?

– Ça quoi ?

– Jouer au con, comme ça ?

– Je ne joue pas au con.

– Ça te fait pas plaisir de la voir ?

– Si ! Bien sûr !

– Alors je te conseille de le lui faire savoir. Parce que dans une semaine, elle ne sera plus là et ce sera trop tard. Tu savais qu'elle ferait à manger, tu le savais forcément.

– J'y pensais pas, là où j'étais.

Guillaume m'adresse un sourire de mépris et ça y est, il secoue la tête genre *tellement déçu qu'il n'y a plus rien à dire*.

Il peut me mépriser si ça l'amuse, n'empêche que si j'avais dû le mépriser chaque fois qu'il prenait du bon temps avec une fille…

– J'ai jamais sauté une fille pour faire chier ma mère, moi.

– Ça ne t'a pas empêché de sauter Anna pour me faire chier, moi.

– J'ai jamais… Pff.

Je sais que Guillaume n'a pas sauté Anna pour me faire chier.

Je sais aussi qu'il savait, avant de la sauter, que ça me ferait chier, et que ça ne l'a pas empêché de le faire.

Guillaume quitte ma chambre.

Je jubile.

Au-dessous, dans la cuisine, j'entends maman sangloter et Guillaume lui raconter des conneries comme quoi je suis jeune et que ça va me passer, que c'est ma façon de me venger parce qu'elle me manque, blabla…

Pour plus entendre leurs fadaises, je mets de la musique. Un peu fort mais pas trop, histoire que Guillaume puisse pas dire *tu vois comment il met la musique à fond juste pour nous faire chier ! Il est en pleine crise d'ado*.

Je ne suis pas en crise d'ado.

J'aime ma nouvelle vie *entre hommes*.

Et si ça ne plaît pas à quelqu'un, même si c'est maman, eh bien tant pis.

chapitre 23

J'attends que maman soit sous la douche pour bondir de mon lit, m'habiller et quitter la maison. Je prendrai une douche en rentrant.

Maman est restée quelques jours de plus, pour la rentrée scolaire.

Je l'ai évitée presque toute la semaine. Pas réussi à faire autrement.

Je sais que sur la table de la cuisine m'attendent mon thé et mon sandwich de dix heures. Je n'ai pas le temps de les prendre, je ne veux pas la croiser.

Le bus est désert.

Je suis très en avance.

Je regrette de ne pas entendre Anna et Jen pouffer devant moi.

Je regrette de ne pas voir Allan, assis tout seul sur sa banquette à regarder par la fenêtre au cas où il y trouverait un ami.

Pour la première fois depuis longtemps, je me sens seul et mal.

J'ai envie de vomir.

Si je n'ai pas eu envie de croiser maman ce matin, c'est moins pour faire chier mon monde que parce que j'ai honte de mon comportement.

De toute la semaine, je n'ai pas été foutu de me joindre à eux, de jouer aux cartes, de rire, de raconter ma vie…

Je suis un handicapé de l'expression. Voilà. Surtout de l'expression sentimentale.

Quand est-ce que je la reverrai ?

Peut-être que je ne la reverrai pas, qu'elle ne reviendra plus nous rendre visite si les choses se passent aussi mal. Merde.

Je décide que ce soir, je trouverai le courage de m'excuser et même celui de parler avec elle, de lui dire que papa me manque, que ça me perd un peu qu'elle soit là, que c'est pour ça que je suis comme ça. Ce n'est pas contre elle, mais contre la situation. Je ne sais pas la gérer, moi, cette situation. Mais qu'elle ne doit pas s'inquiéter parce que fondamentalement, j'aime ma nouvelle vie, sans elle.

Au lycée, je m'assieds sur un banc avec mon café.

Ma tête est vide.

Je ne sais plus exactement qui je suis et ce que je fais là.

Il y a quelques mois, je pouvais dire avec certitude que j'étais un garçon assez réservé qui s'orientait vers des études d'économie. Je pouvais affirmer que j'avais deux potes qui s'appelaient Tanguy et Tristan, et que j'avais une famille unie avec un frère capable d'être un vrai con quand il s'y mettait, un père anxieux et une mère hyperactive qui parlait toujours d'horizons à retrouver. La vie me semblait simple et je ne me posais pas de questions existentielles. Aujourd'hui, j'ai plus aucune certitude et tout me semble très compliqué. Je me retrouve à faire ou à dire des choses que je regrette mais qui, en même temps, me protègent d'une certaine façon. C'est comme si je posais des barrières. Comme si je marquais mon territoire et que je m'isolais, à l'intérieur de lui.

La cour se remplit et tout devient bruyant. Autour de moi reste le silence. Discrètement, à l'autre bout du banc sur lequel je suis assis, quelqu'un prend place. Quand je tourne la tête, Allan me demande si ça va.

Je réfléchis.

Allan, que j'ai envoyé chier et que je ne calcule pas depuis qu'on est arrivés dans cet établissement, me voyant assis tout seul sur un banc avec une tête d'enterrement, fait quand même l'effort de venir me demander comment je vais.

Je suis touché. Pas envie de l'envoyer chier.

Je hausse les épaules et lui réponds qu'on fait aller.

Il me propose une cigarette et j'ai bien envie d'accepter mais comme je n'ai jamais fumé, je la refuse parce que j'ai peur de tousser et d'être ridicule.

Je le regarde allumer sa cigarette.

– Tu fumes depuis quand ?

– Depuis que mes parents se sont séparés. Au début, c'était pour les faire chier. Mais maintenant, c'est devenu une habitude. Une sale habitude.

– Ça fait longtemps qu'ils sont séparés tes parents ?

– Comme toi, je suppose. C'est pour ça qu'on est là, non ?

– Je ne savais pas que tes parents s'étaient séparés.

Il ne répond pas.

Merde…

Si j'avais su qu'on vivait la même chose… Je ne l'aurais peut-être pas envoyé chier.

Je suis tellement concentré sur mon nombril depuis que je suis là, que je ne lui ai même pas demandé pourquoi il était là, lui, pourquoi il avait déménagé. Je finis par lui demander s'il va bien.

– On fait aller, il répond en haussant les épaules, pour m'imiter.

Ça ne m'agace pas qu'il se moque de moi. Au contraire, ça me fait sourire. Je l'ai bien mérité. Je suis tellement con parfois !

– Je suis désolé pour le jour de la rentrée.

Il a l'air surpris que je m'excuse.

Il ne dit rien mais semble apprécier.

Peut-être qu'il pensait que j'avais oublié, ou que je ne m'étais pas rendu compte de mon comportement, genre *je parle toujours comme ça aux gens, oui, parce que je suis un vrai connard.*

Il n'est jamais trop tard pour s'excuser. C'est ma mère qui me l'a appris, un jour. Recevoir des excuses de quelqu'un qui vous a blessé, même longtemps après, ça fait toujours du bien, elle dit, ma mère. Et Allan dit, genre *je te comprends, ça arrive, y a pas d'problème.*

– C'est pas tous les jours super facile, hein ?

– Non.

D'une certaine façon, je suppose que ça veut dire qu'il accepte mes excuses.

En classe, on s'assied tous comme d'habitude : Anna et Jen côte à côte, moi derrière elles un peu en biais et Allan sur le même rang que moi, plus loin.

J'apprécie qu'il ne profite pas de notre petit moment de rapprochement pour changer de place et venir se coller à moi. Il sait que je suis un solitaire et il respecte ça. Et là aussi, quelque chose a changé parce que dans mon ancien lycée, je ne passais pas pour un solitaire mais plutôt pour un coincé. Comme quoi, ça a du bon que je marque mon territoire, maintenant, je suis quelqu'un de respecté.

On attend la prof.

Jen ne me calcule pas mais je m'en fous.

J'ai envie de demander à Anna comment va mon père, mais ce n'est pas le moment, elle est en pleine conversation avec Jen. Je me demande ce qu'elles trouvent toujours à se dire ces deux-là, comme si la vie était riche de tant de choses à raconter !

Quand la prof arrive et que le silence se fait, Jen se tourne genre *pour prendre un truc dans son sac* et pose un papier plié juste devant moi sans m'adresser le moindre regard.

Le cours commence.

Je déplie le papier : « J'ai parlé à Hervé, il me pardonne, ne viens plus jamais me voir s'il te plaît. Merci pour ta compréhension. »

Je suppose qu'Hervé est son copain.

Bien.

Je froisse le papier.

Tant mieux.

Autant je vais regretter nos petits jeux, autant ça m'aurait fait chier qu'elle quitte Hervé pour moi.

Quand ça sonne et que tout le monde sort, Anna me dit que j'ai vraiment une mine de merde aujourd'hui. Je la remercie, pas du compliment mais de m'adresser la parole.

– Et mon père, ça va ?

– Bien. Et toi ?

– Moi ? Ça va.

Et c'est vrai que maintenant qu'elle demande, ça va mieux.

– Tu rentres chez toi après les cours ?

– Faut que je voie ma mère avant qu'elle parte.

Elle me propose de m'accompagner et même de marcher, pour qu'on soit tranquille et qu'on ait le temps de parler.

– T'es un peu mon frère maintenant !

– Ou un peu ton beau-frère, ça dépend du point de vue.

– Hum.

– À choisir, vaut mieux que je sois ton beau-frère, non ? Parce que si t'es ma sœur, t'es aussi celle de mon frère et là… t'es un peu dans la merde.

Anna rit. Elle n'y avait pas pensé.

Moi je me dis : *Cool, on parle, on se marre – c'est un bon nouveau début.*

Je sais que je pourrais lui demander comment ça va avec mon frère pour nourrir la conversation, mais j'en ai pas envie.

Le silence s'installe. On marche et je commence à me sentir nerveux.

Elle demande :

– Comment ça se passe avec ta mère ?

J'aurais préféré qu'on continue à se dire des conneries.

– C'est mon père qui veut savoir ou c'est toi ?

Je sais que ce n'est pas mon père. Je pose juste la question pour gagner du temps.

– C'est moi.

Vu que je ne dis rien, elle enchaîne :

– C'est drôle de voir ma mère jalouse.

– Ta mère ?

– Ton père est toujours amoureux de ta mère, hein ?

– Y a intérêt !

– Pourquoi ils ne se remettent pas ensemble alors ?

– C'est compliqué.

– Je crois que ma mère aime bien ton père.

– Hum.

– Ça te fait chier ? … Tu veux qu'on parle d'autre chose ?

– … De quoi tu veux parler ?

Je m'arrête.

Elle s'arrête.

– Je suis vraiment désolé pour ce qui s'est passé dans ma chambre.

Elle ne comprend pas.

– Je suis désolé de t'avoir rejetée.

Elle ne comprend pas pourquoi je reparle de *ça*.

Ça la met mal à l'aise, je le vois bien.

Ses sourcils se froncent, elle regarde par terre.

– J'étais intimidé.

– Je sais. Tu l'as déjà dit. C'est bon. On peut passer à autre chose maintenant. On ne va pas en rediscuter chaque fois, si ?

– Non.

Un ange passe.

Et puis elle relève la tête, me regarde, et m'embrasse.

Sur la bouche, elle m'embrasse.

Tellement tendrement que je me sens heureux.

Je l'embrasse moi aussi.

Je ne me sens plus débordé.

On s'embrasse.

Toute la vie, j'ai envie de l'embrasser. Elle murmure :

– Moi aussi j'étais intimidée. Ça m'a permis de rencontrer ton frère. Et toi, Jen.

J'aime quand elle me parle dans la bouche, comme ça. Et qu'elle m'embrasse encore. Je ne comprends pas très bien ce que ça veut dire, que ça lui a permis de rencontrer mon frère… Je n'ai pas envie de lui demander… Et pourquoi est-ce qu'elle m'embrasse, si ça lui a permis…

Je m'en fous. Je l'embrasse.

Et sa langue et ma langue, c'est comme si elles se connaissaient.

Comme si elles se retrouvaient.

On s'embrasse bien une heure, ou deux, ou trois, je ne sais pas.

C'est elle qui arrête la première. J'ai des crampes dans la bouche. Je dis, même si c'est con parce que c'est une phrase de film :

– J'ai tellement envie de toi.

Mais je le dis parce que c'est vrai. J'ai envie d'elle, mais pas comme je pouvais avoir envie de Jen. J'ai envie d'elle comme de rentrer à la maison. J'ai envie d'elle parce que je sens qu'elle est un peu chez moi. Parce que je sens bien qu'entre elle et moi, depuis le tout début, il y a quelque chose. Et que ça n'a rien à voir avec Guillaume, Jen, sa mère ou la mienne… Ça a seulement à voir avec ce qu'il y a à l'intérieur de nous : ce même rythme, ce même silence, cette même quête de je ne sais quoi.

Elle sourit.

Maintenant, on est prêt. Voilà ce que je me dis. C'est peut-être ça que ça signifiait tout à l'heure, quand elle a dit que ça lui avait permis de rencontrer Guillaume, et moi Jen. Fallait qu'on en passe par là avant de nous trouver. Parce qu'ils nous ont appris des choses, eux.

Est-ce qu'elle n'a pas envie de moi, elle ?

Je n'ose pas lui poser la question.

Sur la fin du trajet, j'apprécie qu'on ne parle ni de Guillaume, ni de Jen, ni de nos parents. On parle de notre exposé. On parle d'Allan qui a l'air triste en ce moment et de l'ambiance de la classe. On parle de la prof de maths qui a l'air drogué, et de celle de littérature qui est un peu révoltée.

Sur la fin du trajet, on ne s'embrasse plus.

On se marre comme des potes qui se retrouvent après s'être pardonnés.

Devant chez moi, elle me fait la bise et elle s'en va.

La maison est déserte. Je me dis que si ce soir j'arrive à m'excuser auprès de maman, j'aurai fait le tour de toutes les personnes auprès desquelles il faut que je me fasse pardonner.

Sur la table de la cuisine il y a un petit napperon garni d'un vase avec des fleurs. Dans le réfrigérateur, il n'y a plus de bières. Dans toutes les pièces, il y a des désodorisants à la lavande.

Ça ne sent plus du tout comme dans notre maison entre hommes.

Ça sent de nouveau comme dans notre maison avec maman.

Dans le salon, tout est rangé comme il se doit. Rien ne traîne ou ne dépasse.

Sur la table basse, un pot-pourri, pétales de fleurs séchées dans une assiette en bois. Aux fenêtres, des rideaux sont accrochés.

Je sors, claque la porte, besoin de marcher.

Chez l'Arabe du coin, j'achète de la bière et un paquet de cigarettes.

Je rentre à la maison, mets la bière dans le réfrigérateur mais en garde une que j'emmène sur le perron. Je jette les fleurs, le pot-pourri, l'assiette en bois.

Face au jardin, j'allume une cigarette et tousse, c'est dégueulasse. Maman et Guillaume arrivent à ce moment-là.

Maman reste en arrêt devant l'image de son fils qui fume et boit. Elle en laisse tomber son sac de courses. Guillaume non plus ne trouve rien à dire.

J'éteins ma cigarette sur la marche et, bière à la main, me lève pour dire bonjour.

Je ne fais pas le fier.

Ma mère me demande, la voix tremblante, si je fume.

– Non.

Guillaume ramasse les courses et les portes à la cuisine.

Il me passe devant sans me regarder. Maman attend quelque chose. Je ne trouve pas les mots, ne sais pas par quoi commencer, si je dois m'excuser ou parler des rideaux, des désodorisants, etc.

Je voudrais bien mais vraiment, je n'ai aucune idée de comment. Je suis entre la honte et la colère, ça se bouscule en moi et rien ne sort.

Finalement, je quitte la maison.

Je suis désolé, je n'y arrive pas, j'ai besoin d'être ailleurs.

Je ne sais pas où aller.

J'irais bien chez Jen prendre un peu de plaisir et me vider la tête mais je me ferais jeter.

Je ne peux pas débarquer chez Anna, où il y a papa.

Je me sens trop embrouillé pour aller voir Tanguy : il ne me reconnaîtrait peut-être même pas.

J'irais bien au cinéma, mais je n'ai plus un rond en poche.

J'irais bien voir le curé, m'asseoir dans son église, mais je suis trop énervé – pas envie qu'il pose des questions.

Je m'assieds sur un banc. M'en veux tellement.

Mais aussi, c'est quoi cette manière d'arriver chez les gens et de ne pas respecter leur espace ? Est-ce que ça se fait, ça, de mettre des rideaux et des désodorisants partout quand on est pas chez soi ? Est-ce que ça se fait d'attendre d'eux qu'ils s'alignent sur vos règles ? Les choses ont changé. Sacrément changé. Maman ne peut pas débarquer comme ça et imposer que tout soit comme avant. Il ne fallait pas partir alors. Si elle n'était pas partie, sûr que tout serait encore plein de pots-pourris et de parfum à la lavande. Mais elle est partie. Pas nous ! Et c'est déjà sympa de notre part de le comprendre, de ne pas lui en vouloir parce que c'était écrit depuis longtemps, mais merde quoi ! Un peu de respect ! Un peu de respect pour ceux qui restent et qui, tant bien que mal, continuent et reconstruisent un quotidien !

Comment il va le vivre tout ça, papa, quand il va rentrer ? Quand il va respirer et voir tout ce qu'elle a aménagé ? Qu'est-ce qu'il va ressentir ? Elle n'y pense pas à ça ! Elle ne se dit pas que papa commence tout juste à se redresser, à respirer normalement ! Elle ne se dit pas qu'en voulant nous rendre la vie plus agréable, elle nous l'empoisonne ! Parce qu'elle va repartir et que nous, on va rester comme des cons dans ses odeurs de lavande qui nous rappelleront, à chaque inspiration, qu'elle n'est plus là.

C'est pour ça qu'on a quitté l'autre maison : pour commencer une nouvelle vie, dans un endroit vierge d'elle, que ce soit plus facile. Et voilà qu'elle gâche tout.

Est-ce que c'est vraiment, vraiment trop difficile à comprendre ?

Est-ce que c'est moi qui ai un problème ? Qui ne sait pas en profiter ?

Tout ça ne semble pas déranger Guillaume.

Peut-être que c'est à lui que je devrais parler. Qu'il m'explique pourquoi ça ne le dérange pas, lui. Et comment il fait pour se réjouir, sans ressentir l'effondrement de tout ce qu'on avait réussi à mettre en place, sans elle ?

Je sais que maman veut bien faire. Ça ne m'empêche pas de lui en vouloir.

Je sais que c'est sa façon de nous retrouver, de nous dire qu'elle est encore là pour nous, qu'elle sera toujours là. Je sais que ça la rassure aussi, de mettre son empreinte dans la maison, comme pour pas qu'on l'oublie.

Ça a dû lui faire bizarre en arrivant : pas une photo d'elle, pas un désodorisant…

Faudrait que j'arrive à lui parler, lui expliquer mon point de vue et pourquoi je me sens aussi mal. Sûr qu'elle comprendrait.

Faudrait pas que je dise tout de travers, comme souvent quand j'essaie d'expliquer. C'est ça le problème. Parfois, je sens bien que je ne suis pas complètement stupide. Je ressens et comprends les choses comme n'importe qui – quand je prends un peu de distance et que j'y réfléchis – mais de là à les mettre en mots, c'est autre chose. J'apprends.

Quand je rentre, tout est silencieux.

La maison est ouverte mais les lumières sont éteintes. Il est neuf heures et demie.

Dans l'évier de la cuisine, deux assiettes attestent que maman et Guillaume ont fini de manger.

Personne ne regarde la télévision.

Je monte. La chambre de Guillaume est ouverte et déserte.

De sous la porte de papa s'échappe une faible lumière.

J'avance en silence, colle mon oreille et entends maman sangloter. Merde.

Je frappe doucement, elle ne répond pas. Elle n'a sans doute pas entendu.

J'ouvre. Elle ne relève pas la tête, la garde entre ses mains et continue à sangloter.

Je m'approche, m'assieds sur le lit… Maman m'ignore.

Je passe un bras autour de ses épaules, m'approche pour l'enlacer.

Je murmure, pour la calmer :

– Je suis désolé. Je suis désolé, désolé.

Je caresse sa tête jusqu'à ce qu'elle ouvre enfin ses bras pour m'enlacer aussi. Elle dit qu'elle n'aurait pas dû venir, que c'était égoïste, qu'elle voit bien que c'est trop tôt…

Je ne dis rien, je la laisse parler, pleurer.

C'est bizarre : je ne pleure pas, moi.

Je la console, suis là, et vraiment désolé, sans mentir, désolé de la situation et de la voir dans cet état mais… C'est comme si je me regardais faire. Comme si l'extérieur et l'intérieur de moi, d'ordinaire reliés par un pont, étaient à présent coupés.

L'impression de faire une expérience extraordinaire.

Jamais auparavant je n'avais réussi à le relever ce pont, en moi. D'habitude, tout s'embrouille : l'extérieur et l'intérieur, tout devient vite chaotique et ingérable. D'habitude, l'intérieur et l'extérieur sont intimement, fondamentalement liés, sans que j'aie de prise. Mais là… Je comprends que quoi qu'il se passe autour de moi, j'ai la possibilité, si je lève ce pont, de ne rien laisser entrer en moi.

Les désodorisants, les rideaux, les pots-pourris… tout ça peut bien rester à l'extérieur de moi. Ça ne changera pas ce que je suis. Quand maman sera partie, on enlèvera tout ça. On retrouvera notre espace. En attendant, si ce maquillage de l'endroit lui fait du bien, lui donne l'impression de se retrouver un peu elle-même dans son rôle de maman… pourquoi pas ? On peut bien jouer le jeu, non ? Je peux bien jouer le jeu ? Est-ce qu'on ne joue pas tous des rôles, parfois, pour être acceptés, ou obtenir ce qu'on désire ?

Je suis Pierre.

Je suis la pierre fondatrice, château fort de ma propre vie.

Moi seul ai le pouvoir de me protéger parce que moi seul suis capable de lever ce foutu pont-levis quand je le décide.

Quand je relève le pont-levis, rien ne rentre, rien ne sort, pas même la tempête.

Maman est calmée.

Je lui explique ce que je ressens. L'impression d'invasion de notre espace, et donc de nos identités. L'injustice faite à papa. Le droit qu'elle prend de bousculer des choses encore fragiles, alors qu'elle n'est plus là. Qu'il faut qu'elle accepte qu'on lui échappe maintenant. Et qu'elle nous prenne comme on est, quand elle vient nous voir.

On ne bouscule pas l'intérieur des gens comme ça. Elle ne ferait ça chez personne : mettre des rideaux !

Elle rit.

Elle dit que c'est vrai que c'est absurde. Que ça lui donne l'impression qu'on a encore besoin d'elle.

Et on a besoin d'elle, oui. Mais pas comme ça.

– Tu viendras un peu, sur mon bateau ?

– Quand ?

– Cet été ? Quelques semaines, tu veux ?

– Oui. Et tu achèteras un téléphone portable ? Pour qu'on puisse s'appeler plus facilement, et s'envoyer des photos ?

– … Oui. D'accord.

Elle trouve que j'ai grandi.

Elle ne sait plus qui je suis.

Moi-même, je ne le sais pas encore.

Je viens tout juste de comprendre que je suis un château fort, muni d'un pont-levis.

Sans doute qu'elle aussi ne sait plus exactement qui elle est.

Sans doute que c'est pour ça qu'elle maquille la maison, et notre vie : pour y retrouver une part d'elle-même, qu'elle connaissait.

Je demande où est Guillaume.

– Chez sa copine.

– Ah.

Je suppose qu'il n'a pas précisé que sa copine est mon amie Anna, celle avec qui je fais mon exposé et dont ma mère s'enquiert toujours au téléphone.

Je suppose qu'il n'a pas précisé non plus que papa y est aussi ! À prendre du bon temps avec la mère !

– Je ne savais pas que Guillaume avait une copine.

– Depuis quelques mois, oui.

– Une seule ?

– Je crois.

– Il est amoureux ?

– Je sais pas.

– Il mûrit !

– Hum.

– Et ton Anna, ça va ?

– ... Ça va.

Pas envie de préciser.

– Tu es encore tellement jeune. Profites-en pour t'amuser. Tu auras bien le temps de t'embêter avec toutes ces histoires ! Bien le temps de tomber amoureux, plus tard.

Je ne dis rien. Pas envie de débattre avec elle sur l'amour, le désir, et les complications.

Maman ne dit plus rien. Elle est pensive.

Moi non plus, je ne trouve plus rien à dire.

Comme quoi, certaines choses ne changent pas.

Le regard dans le vide, maman tripote ses pieds. Elle a l'air de flotter dans une eau qui n'est pas la sienne. Elle a l'air triste : *vivement qu'elle retourne en mer*, je pense, *qu'elle retrouve son sourire, et nous notre nouvelle vie, sans elle*. Je l'embrasse sur le front et lui dit qu'il faut que j'aille dormir, que j'ai cours demain.

– Tu me feras mon dix-heures ? je demande pour lui faire plaisir.

Elle sourit et passe une main sur ma joue, me fait *oui* de la tête, attendrie.

Je suppose qu'on est réconciliés.

Je suis celui qu'elle a besoin que je sois. Je peux faire ça. Il ne lui en faut pas davantage. Tant mieux. À moi non plus. Pas pour l'instant. Ainsi, les choses sont plus simples et franchement, pour quelques jours, ça ira bien comme ça. Pour le reste… On va prendre le temps.

En m'endormant, tout ce qu'il y a dans mon château, c'est la douceur d'Anna, le souvenir de son baiser interminable et la certitude que de toute façon, nous sommes faits l'un pour l'autre, qu'on soit ensemble ou pas.

chapitre 24

Aujourd'hui, c'est mon anniversaire.

J'ai 16 ans : je suis un homme. D'un point de vue réaliste, je sais que demain sera un jour comme les autres et que dans la continuité du temps, aujourd'hui sera bientôt hier, comme d'habitude. Cependant, demain j'aurais 16 ans révolus, j'entamerai ma dix-septième année de vie et je serai peut-être le seul à le savoir mais je saurai, moi, que je suis un homme, plus un garçon. Insidieusement, j'ai commencé à en devenir un il y a trois mois, quand maman est partie. Tout s'est mis à bouger, à changer… Aujourd'hui, je suis prêt.

Ce matin, en ouvrant mes cadeaux, il y avait celui de maman, envoyé par la poste : la boîte vide de son téléphone portable et dedans, la carte en plastique de l'opérateur à laquelle manque sa carte SIM. J'ai regardé mon téléphone portable et y ai trouvé un SMS – pour les réseaux sociaux, on repassera ; que maman m'envoie un traditionnel SMS, c'est déjà énorme comme premier pas : *Mon nouveau grand, je sais que cet anniversaire compte particulièrement pour toi. Sois donc un homme, mon fils, un très bel Homme. Ta mère qui t'aime.*

J'ai collé un émoji cœur à son message et, pour la remercier, lui ai envoyé une photo de moi en train de lui faire un baiser. Et puis j'ai enregistré son numéro dans mon téléphone portable.

Aujourd'hui se tourne une page. Elle se tourne depuis trois mois. Mais aujourd'hui, c'est terminé. Demain commence un nouveau chapitre. Et quand je dis demain, ce sera peut-être dans quelques mois. En tout cas, ce jour-là, je le saurai. Ce jour-là, je me dirai *ça y est, c'est parti*. Ce sera le jour d'un événement ou d'une prise de conscience… Il se passe toujours quelque chose, je le sais maintenant : quand on est attentifs, la vie regorge de déclencheurs. Parfois, on est juste trop obnubilés sur notre petit chemin pour voir les déviations, les opportunités, et déclencher quoi que ce soit. Mais le chemin ne peut pas être droit. C'est pourquoi il est si excitant. Même douloureux, parfois. C'est pour ça que j'ai un pont-levis.

Bientôt, ce sera les grandes vacances. J'espère que je pourrai aller voir maman, la rejoindre sur une croisière, histoire de vérifier si j'ai le pied marin et surtout découvrir comment elle vit. Maintenant que je me sens plus proche d'elle, j'ai envie d'apprendre à la connaître, je veux dire pour ce qu'elle est d'autre que ma mère. Et qu'elle apprenne à le connaître aussi, ce Pierrot devenu Pierre.

Anna et Guillaume aimeraient partir dix jours en Espagne faire du camping. Mme Béron n'est pas vraiment d'accord. Elle dit que sa fille est trop jeune pour voyager seule avec un garçon. Elle a proposé à papa qu'ils les accompagnent, ensemble. Mais papa a refusé : il ne veut pas jouer les baby-sitters. Il trouve, lui, que Guillaume et Anna sont bien assez grands comme ça. La vérité, c'est que je crois qu'il n'est pas prêt à partir en vacances en famille avec une autre femme que maman. Pour lui aussi, les pages se tournent. Mais lentement. Il dit qu'il passera l'été à travailler. Mme Béron fait un peu la tête et parle d'aller marcher dans le désert de Mauritanie avec son collègue de travail. Je ne crois pas que papa soit dupe au sujet du collègue de travail. Mais il ne relève pas.

Depuis quelques jours, Mme Béron insiste pour que ce soit moi qui accompagne Guillaume et Anna en Espagne. Elle veut me payer le voyage, et l'argent de poche qu'elle me propose est l'équivalent d'un mois de SMIC ! Pourtant, catégoriquement, j'ai répondu non. Mon masochisme a des limites. Aucune envie de tenir la chandelle, merci, j'ai mieux à faire : aller voir maman.

Ce soir, Anna et Guillaume m'avaient organisé un anniversaire surprise. Il y avait eux, papa, Allan, Jen, Tristan et Tanguy qui sont restés dans leur coin. Je crois qu'ils ont eu peur de Jen, de son décolleté provocant qui continue de me provoquer ; peur du fait qu'il y ait de la bière et que tout le monde ait l'air aussi bien dans ses baskets. Quand ils sont arrivés, je me suis rappelé comment j'étais il y a trois mois : je me croyais genre *besoin de personne*, *spécial*, *à part*, j'étais juste coincé, incapable de m'ouvrir aux autres et de considérer la vie au-delà des murs de l'école. Pourtant, ce soir, j'étais content qu'ils soient là, que Guillaume ait pensé à les inviter, ne serait-ce que pour que je me rende compte à quel point j'avais changé. Avec mépris, ils ont passé la soirée à critiquer la désinvolture d'Anna, l'arrogance de Jen, le fait qu'Allan ait l'air trop sûr de lui… Quand ils m'ont demandé ce que je pensais de la dernière PlayStation, j'ai dit que j'allais me chercher à boire et ne suis pas revenu. J'étais finalement aussi très content qu'ils partent.

Toute la soirée, j'ai regardé Anna papillonner de personne en personne pour être sûre que tout le monde allait bien, que les verres étaient pleins… Quand je me souviens de comme elle était terne, fermée, cynique il y a trois mois… Quand je vois comme elle est belle aujourd'hui…

Je n'arrête pas de penser à cette phrase idiote qu'elle m'a dite l'autre jour, en m'embrassant. Je crois que je commence à la comprendre : jamais je n'aurais rendu Anna aussi heureuse et belle que mon frère a su le faire. Elle était cynique et moi coincé, tous les deux un peu blasés, déçus, blessés par les adultes, aigris avant l'heure… Si on était sortis ensemble, on serait devenus vieux sans devenir adultes. Sûr qu'on n'aurait jamais rien trouvé d'autre à faire que de rester assis sur notre banc à critiquer les autres. Finalement, la repousser est sûrement ce que j'ai fait de mieux ces trois derniers mois, même si je l'ai mal fait. Ça lui a au moins permis de rencontrer mon frère. Ça m'a permis de m'amuser avec Jen : sûr qu'Anna et moi, on se serait fait moins de bien. Sûr aussi qu'aujourd'hui, si elle me sautait dessus, ce serait différent, nous serions différents. Déjà le baiser, l'autre jour, il n'avait rien à voir avec celui d'il y a deux mois. Mais aujourd'hui, elle est avec mon frère. Et quand je la vois aussi belle, je me dis que c'est très bien comme ça. Une chose qu'on ne nous enlèvera pas : on se ressemble. On se ressent. Quelque part, on grandit ensemble. Pour l'avenir… on a le temps.

Ce matin, on a obtenu 11/20 pour notre exposé sur Wilde. Franchement, on était contents.

Allan a passé presque toute la soirée à parler avec mon père ! Ils buvaient, se marraient… Spectacle aussi surprenant qu'agréable.

Je crois que la surprise était réussie. Tout le monde est parti content – sauf Tristan et Tanguy, mais bon…

ils se sont enfuis tellement tôt ! Guillaume est parti avec Anna, Jen m'a embrassé sur la bouche devant papa qui est resté con, mi-fier mi-gêné. Moi, je ne comprends tellement plus rien à ce qu'elle veut, ou ne veut pas, que j'ai fait comme si tout était normal. Et d'ailleurs tout est normal parce que si demain elle m'appelle pour que je passe boire un coca, j'irai avec plaisir sans me poser de questions. Ces histoires avec son mec, ça ne me regarde pas.

J'ai refermé la porte sur tout ce petit monde qui est aujourd'hui le mien.

On est resté avec papa dans la cuisine, à ranger un peu, à boire un dernier verre avant d'aller nous coucher.

Il m'a dit :

– Ils sont bien tes amis.

Ils sont bien, oui. Et puis on est restés dans le silence, avec nos sourires satisfaits, entre hommes.

Ouvrage réalisé par
Cédric Cailhol Infographiste.

Achevé d'imprimer sur Roto-Page
par l'Imprimerie Floch à Mayenne
en décembre 2023.

Dépôt légal : janvier 2024
N° d'impression : 103815
ISBN : 978-2-8126-2538-1
« Loi n° 49-956 du 16 juillet 1949
sur les publications destinées à la jeunesse »

Imprimé en France